# EL SUEÑO AMERICANO DE GUS MACHADO

*Memorias*

**El Sueño Americano de Gus Machado**

Diseño de Cubierta: Mario Carpio
Maquetación y Diseño Interior: Carpio Graphic Design

Primera Edición: Junio 2024. Miami, FL, USA.

ISBN 979-889145693-8

*A mis hijos Myra, Rudy, Lydia y Roberto,*
*y a todos mis nietos y mi bisnieta.*
*A mi esposa Lilliam.*
*A mis leales socios y amigos.*
*A todas las personas que me influyeron*
*y me ayudaron a cumplir*
*este maravilloso sueño americano.*

# INDICE

# INTRODUCCIÓN

Este libro es una combinación de biografía y autobiografía de Gus Machado. Fue escrito a partir de numerosas entrevistas realizadas a Gus, así como también a familiares y amigos a lo largo de un periodo que abarcó más de cuatro años, realizadas por el periodista Casto Ocando.

Se trata de una colección de historias personales de la vida de Gus y de cómo las situaciones difíciles de la vida, así como muchas oportunidades inesperadas que surgieron, influyeron en los cambios de su vida profesional y personal.

La historia de la vida de Gus demuestra cómo las decisiones que tomamos al afrontar obstáculos inesperados pueden influir en nuestros resultados. También es un testimonio del poder de una actitud positiva y de la capacidad de Gus para encontrar las oportunidades en los muchos acontecimientos inesperados de la vida que a menudo escapan a nuestro control, y cómo convertir esos acontecimientos en oportunidades maravillosas.

Gus Machado falleció tristemente el 16 de mayo de 2022 en su casa de Grove Isle, Miami, rodeado de su familia y seres queridos. Pero sus historias de su Sueño Americano siguen vivas.

# PROEMIO

A lo largo de mis casi nueve décadas de vida, por la gracia de Dios, atravesé por una variada gama de situaciones y experiencias que terminaron por formar mi carácter.

Una buena parte de esas vivencias ocurrieron durante el período más prolífico de mi vida, los 71 años que han transcurrido desde que llegué, por primera vez, como estudiante a una pequeña localidad de North Carolina.

Durante todo ese vasto tiempo, viví fundamentalmente en dos localidades: la primera en Illinois, en el muy recordado pueblo de Joliet, donde encontré mi primer empleo en las fábricas de Caterpillar; y la segunda en el muy querido pueblo de Hialeah, adonde llegué en 1956 y fundé los dos pilares principales de mi existencia: mi familia y mis empresas.

Estas memorias que presento es un bosquejo en constante realización de lo que ha sido mi vida durante ese tiempo.

Este bosquejo comienza en el lejano 1934, el año en que nací en Caunao, un poblado en las afueras de Cienfuegos. Luego narro mi trayectoria en Cuba, y cómo una jugarreta de muchacho me cambió la vida y me abrió las puertas, inesperadamente, a lo que ha sido mi particular sueño americano.

Desde la primera vez que toqué suelo de Estados Unidos, en 1950, hasta la actualidad, he conocido mucha gente. Muchos me ayudaron a avanzar en este exigente caminar. A otros los ayudé yo. A todos los que formaron parte de mi vida, aunque no los mencione en este libro, vaya mi agradecimiento.

Hay personas en particular a quienes quisiera mencionar porque estuvieron y siguen estando en mi vida con lazos imperecederos.

En primer lugar mis hijos y nietos -a quienes dedico este libro-, que han sido una razón fundamental en mi vida: Myra, mi primogénita; Rudy, Lydia y Roberto.

Luego a mi querida esposa Lilliam, que no sólo ha sido mi estrecha compañera de vida en las últimas dos décadas de mi existencia, sino una inspiración para incontables iniciativas que también se cuentan en este libro.

A mis socios en el pasado y el presente, en especial Víctor Benítez, un aguerrido gerente con gran visión de futuro que me acompaña en mis empresas desde hace 34 años.

A mis amigos Fausto y Remedios Díaz, fieles y leales en el tiempo.

A las personas que hicieron posible la perpetuación de mi legado como hombre de negocios y ciudadano que quiso ser ejemplar, en especial a monseñor Franklyn Casale y David A. Armstrong, directivos de la Universidad St. Thomas, que aceptaron ponerle mi nombre a la nueva y moderna Escuela de Negocios de esa prestigiosa casa de estudios.

A las personas que olvidé mencionar, otra vez, mi sincero agradecimiento.

Espero que este breve testimonio de mi vida, sea de utilidad para aquellas personas que lucharon con todas sus fuerzas para lograr, como yo, su más preciado sueño americano.

# 1

# Cienfuegos, Cuba (1934)

Los años de la infancia y juventud son momentos que nunca se olvidan, como tampoco el lugar donde uno nace. Son momentos y lugares que uno tiene grabado en la memoria. Nací en la provincia de Cienfuegos, en el sureste de Cuba, el 14 de noviembre de 1934. Específicamente en la localidad de Caunao, un poblado ubicado en las afueras de Cienfuegos, donde habíamos vivido por generaciones. Cienfuegos siempre fue una ciudad histórica, con extraordinarios monumentos, pero sobre todo con sabor a descubrimiento, aventura, familia.

Ahí nací y ahí me criaron. Ahí aprendí mis primeras lecciones de vida gracias a la dedicación de mi familia y mis primeros maestros. Ahí descubrí el mundo por primera vez. Y ahí aprendí lo que mi abuelo primero, y luego mi padre, habían aprendido a ser: emprendedores.

La familia no era tan grande, pero tampoco era pequeña.

Éramos cuatro: mi padre Eduardo Machado, mi madre Elia Hernández de Machado, mi hermano mayor Eduardo, a quien llamábamos Ed, y yo.

Recuerdo que toda nuestra familia vivía en dos casas que estaban cerca una de la otra. La familia la presidía una figura paterna muy firme, como un roble, mi querido abuelo Rafael Calderín.

Mi abuelo Rafael también había nacido allí. Era un hombre muy trabajador, un hombre muy enérgico, que tenía una finca muy productiva, con una enorme cantidad de árboles de mangos, y una larga fila de colmenares que producían una miel de muy buena calidad.

Me crié entre esas arboledas y rodeado de muchas abejas, de las que a veces tenía que escapar para que no me picaran.

Mi abuelo Rafael también tenía una posición de mando en lo que llamaban en ese entonces Los Tanques, que era la pequeña compañía eléctrica que con una planta daba luz a la zona donde vivíamos, en Caunao, y también iluminaba gran parte de Cienfuegos, y daba electricidad a los ingenios más cercanos.

Era su responsabilidad, junto a un grupo de empleados, mantener el tendido eléctrico y el fluido de energía, lo cual no era una tarea fácil.

Quizá sin proponérselo, el abuelo siempre nos transmitió ese sentido de responsabilidad, de dedicación a las tareas asignadas.

En cierta ocasión nos habló a mi hermano, Ed Machado, y a mí, sobre la importancia de ser responsables. Mi abuelo aprovechaba cualquier ocasión para darnos un poco de su sabiduría, que no la había obtenido mediante estudios sino gracias al trabajo duro y perseverante que le tocó en su vida.

"Una vez que uno se compromete con una responsabilidad, no hay marcha atrás. Hay que cumplir de la mejor manera posible", nos decía con frecuencia.

Esta fue una lección que aprendí desde muy joven, y apliqué a mi propia situación.

Mi abuelo Rafael fue quizá el mentor, el que me puso muchas cosas en la mente. Me trataba de ayudar en todo y era el comerciante de la familia, habilidad que heredó mi madre, que tenía mucho talento para el comercio. Y de ahí, pues, vino mi interés por los negocios, algo que siempre yo he tenido en mi sangre, como herencia familiar.

Mi padre Eduardo, al igual que mi abuelo Rafael, también era un modelo en sí mismo de trabajo y dedicación. Se había hecho maestro químico azucarero, y trabajaba en un ingenio cerca de nuestra casa que era propiedad de la familia Luzárraga.

Era el Central Portugalete, fundado en 1873 y que fue adquirido por la familia Luzárraga a principios de los años 30.

El ingenio, que estaba a unos 16 kilómetros de Caunao, en el pueblito de Palmira, era un gran complejo industrial con fábricas, centrifugadoras, centenares de obreros y con capacidad para procesar decenas de miles de arrobas de caña por día.

Tenía su propia estación de ferrocarril, que conectaba directo con el Puerto de Cienfuegos, y hasta su propia central telefónica.

El joven Gus, con gorra y guante de beisbol, al lado de sus padres Elia y Eduardo, y su hermano Mayor Ed, en Cuba.

Ahí trabajaba mi padre.

En esa época, Cienfuegos era un eje azucarero en Cuba. Contaba con una infraestructura que llevaba décadas de construida, incluyendo una línea ferroviaria que facilitaba la colección de azúcar, y un gran puerto para exportaciones.

Como es natural, todo eso lo acabaron los comunistas cuando llegó Fidel Castro. Pero en los años de mi infancia, era un gran centro de actividad comercial que giraba en torno al azúcar.

Mi padre era un hombre volcado al trabajo. Salía temprano todas las mañanas rumbo al ingenio propiedad de Mamerto Luzárraga que estaba como a 20 minutos de viaje, y llegaba a casa poco antes del anochecer. Así se procuraba el dinero para mantener a su familia.

Trabajó también en varios otros centrales azucareros, entre ellos el Central "Andreíta", que estaba en Cruces, y luego en el "Constancia", que era del mismo dueño Luzárraga.

Mi padre se preocupaba por enseñarnos a hacer las cosas correctamente. Me ponía ciertas tareas de la casa con las que debía cumplir. Si yo por casualidad o descuido dejaba de hacer esas cosas, mi padre me obligaba a terminar lo que había dejado a medio camino, y como castigo me mandaba a hacer otra cosa extra.

"Las tareas que se comienzan hay que terminarlas correctamente", solía decirme. No era su intención castigarme, pero tenía mucha firmeza a la hora de enseñarnos a ser personas responsables, como era la cultura de esa época.

Una vista de la ciudad de Cienfuegos, en el sur de Cuba, donde nació Gus, en la década de los 30.

Mi madre era muy cariñosa pero también muy estricta. Era la que llevaba todo, la que se ocupaba de nosotros en el día a día. Estaba pendiente de cómo presentarnos, cómo vestirnos, cómo hacer todo y quedar bien.

No se cansaba de decirnos todo el tiempo: 'no hagas esto que esto no se puede hacer', y ese tipo de cosas.

Si a uno se le ocurría preguntar: "¿y por qué esto y por qué aquello?", mi madre respondía con la cara muy seria: "porque sí, porque lo tienes que hacer y más nada, y no me preguntes más". Esa era mi mamá.

Era una época en que los muchachos no podían andar por ahí sin hacer nada, y el respeto a los padres era algo sagrado.

## Mis primeros pasos en la educación

Por muchos eventos históricas, Cienfuegos siempre ha tenido una relación especial con Estados Unidos, y sobre todo con la Florida.

Varias de las batallas entre los marines americanos y los españoles se desarrollaron en mi ciudad durante la Guerra Hispano-Americana de 1898. Y a partir del triunfo de las fuerzas americanas, comenzaron a llegar compañías, profesionales, misioneros y maestros para hacer vida en Cienfuegos. Desde luego esto lo aprendí muchos años más tarde.

Por alguna razón que tiene que ver con ese pasado, mis padres decidieron que yo debía estudiar bajo la tutela de los misioneros americanos que habían llegado desde la Florida a nuestra ciudad.

Mis primeros estudios formales los hice en el Colegio Eliza Bowman, de Cienfuegos, que era regentado por la División de Señoras de la Junta General de Misiones de la Iglesia Metodista, con sede en Nueva York.

A los 5 años comencé a estudiar allí de primero al cuarto grado. La enseñanza era bilingüe, impartida por profesores de origen norteamericano. Allí aprendí los rudimentos de inglés, ciencias y educación física, entre otras materias.

Luego continué estudios en otro famoso colegio, el Candler, en La Habana, una institución fundada y regentada por la Iglesia Metodista norteamericana, que se encontraba en la isla desde principios del siglo XX cuando las tropas mambisas, con ayuda clave de los americanos, expulsaron a los españoles de la isla.

El colegio había sido fundado en 1919 por iniciativa del obispo Warren Candler, que había llegado desde la Florida para fundar una serie de escuelas e iglesias en La Habana y Cienfuegos, entre otros lugares, a partir de 1898.

Era una escuela con mucho prestigio. No todo el mundo podía ingresar y era una institución con muchas exigencias. Impartía una excelente educación, aunque no puedo decir que fuese mejor o peor que las escuelas públicas cubanas de ese entonces.

En la escuela se enseñaban de todo: no sólo los rudimentos de matemáticas y lenguaje, como lo exigían las autoridades educativas en Cuba, sino otras materias y oficios como música coral, mecanografía, corte y costura y tejido. También se enseñaba una materia que me iba a resultar muy útil en el futuro: inglés.

En esa época operaban en Cuba, y también en Cienfuegos, muchas compañías americanas, sobre todo en los muchos ingenios que había en la provincia, como el central "Portugalete", donde trabajaba mi padre y otros como el "Manuelita", y el "Dos Hermanos".

Y muchas familias americanas que residían allí enviaban sus hijos al colegio Candler, de modo que me tocó convivir y aprender mucho no sólo el idioma sino de la cultura americana.

Nosotros teníamos una buena casa en la zona de El Vedado, en La Habana, allí me tocó vivir mientras estudié quinto, sexto y séptimo grado. Todavía tengo muchos recuerdos de esos tiempos.

Un joven Gus durante su tiempo de adolescente en Cuba.

Realmente me fue fácil aprender el inglés porque lo comencé a estudiar desde muy joven. Primero te daban unas lecciones rápidas, que te decían 'chica es girl', y 'boy es muchacho'. Luego venían las conversaciones y eso te ayudaba a familiarizarte más rápido con el idioma.

## Una infancia maravillosa

A pesar de toda la rigidez y disciplina que viví con mis padres y abuelos, tuve una infancia afortunada y feliz. Son muchos los buenos recuerdos de esa etapa de mi vida.

Afortunadamente mi padre tenía buena posición gracias a su trabajo como maestro azucarero y mamá era la que llevaba la casa. Todo iba bien porque hacían una pareja divina.

En casa, por ejemplo, se respetaban mucho las tradiciones, sobre todo aquellas que implicaban regalos, como en mi día de cumpleaños, o el día de los Reyes Magos, que era cuando llegaban los obsequios de Navidad.

Aunque estudiaba en una escuela metodista, nuestra familia se consideraba católica, como la mayoría de familias en esa época.

Una de las actividades que más disfrutábamos era ir a los juegos de beisbol. Mi padre era un fanático de la pelota, y Cienfuegos tenía mucha afición, porque tenía un buen team de pelota, que se llamaba el Club Cienfuegos. Y mi padre siempre nos llevaba a los partidos a toda la familia, incluyendo a mi madre.

Yo disfrutaba enormemente de esos partidos. Es una afición que nunca abandoné, y que compartía con papá. En cambio mi hermano no era muy aficionado a los deportes. No los veía con la misma emoción. Era más de filosofía y de lecturas intelectuales. Pero a mí sí me encantaba el beisbol. Y a mi papá también.

En algún momento de mi infancia soñé con ser beisbolista. Era muy fuerte la afición a ese deporte en Cienfuegos, y no era por casualidad. Como aprendí más tarde, Cuba fue prácticamente el segundo país luego de Estados Unidos, en formar una liga de beisbol y practicarlo con gran entusiasmo. Y el equipo de Cienfuegos llegó a ser uno de los primeros.

Aparte del beisbol había otra cosa que también disfrutaba haciendo: comprar y vender.

Me encantaba salir con mamá para ayudarle con las compras para la casa. Y me atraía mucho ver lo que hacían los comerciantes: comprar algo por aquí y venderlo por allá con una ganancia.

Comencé a probar suerte como comerciante yo mismo antes de terminar los estudios de bachillerato. Todo comenzó en la finca que tenía mi abuelo Rafael. Era una finca enorme. Allí mi abuelo tenía instalaciones para producir miel, y un gran sembradío de matas de mango.

Cuando iba a visitarlo, mi abuelo me decía: "ven para que aprendas". Y me enseñaba cómo recolectaba la miel. Bastantes picadas, por cierto, me llevé durante esos días, pero debo reconocer que aprendí mucho del negocio de manejar una finca productiva.

Y ahí, enseguida, yo cogí el golpe, porque mi abuelo también aprovechaba para vender sus cosas en el mercado y producir un dinero extra, y ese roce con mi abuelo, que siempre me llevaba consigo, me enseñó lo que había que hacer para ser comerciante.

Más tarde, además de la miel y las frutas, mi abuelo comenzó a vender carne de ganado que tenía en la finca. Pero ahí ya no íbamos al mercado sino que los compradores venían a la finca a buscar la carne. La carne era buenísima, según le oía decir a la gente que venía a comprar.

Otro negocio en mi familia que resultó de mucho éxito lo ideó mi madre. Con apoyo de mi padre, ellos compraron otra casa ahí mismo en Cienfuegos y la convirtieron en pensión, para alquilársela a muchachas de otros municipios y pueblos que iban al colegio en la ciudad.

El alquiler lo pagaban los padres de esas muchachas. Allí mi hermano, que era mayor que yo, ayudaba a mi mamá con esas tareas, pero con mucha distancia. Mi madre siempre mantenía una separación entre nosotros y las muchachas. Pero ese negocio significó un ingreso tremendo para la familia.

Eran tiempos maravillosos. Mientras estudiaba, los fines de semana vendía frutas de la finca de mi abuelo. Yo era muy activo y muy sociable también. Tenía mis noviecitas y me gustaba bailar. Aunque mamá me frenaba un poco. No olvido esos años porque me sentía de lo más contento.

## Una muchachada que cambió mi vida

Durante los años de la escuela, tenía un círculo de amigos que siempre nos veíamos para hacer cosas juntos.

Nos gustaba salir a explorar, compartir historias, ir a los partidos de beisbol y contarnos chistes. Era una época muy sana donde no había malicia. Aunque, de vez en cuando, éramos capaces de hacer algunas tremenduras.

En una ocasión, se me ocurrió la idea de organizar un paseo con mis amigos. Había pensado que sería una buena oportunidad no sólo para disfrutar sino para hacer algún dinero cobrando los pasajes para el paseo.

La idea me parecía buena, y así se la hice saber a mis amigos, que reaccionaron dando su total aprobación.

Todos esperamos emocionados el momento del viaje, que íbamos a hacer en la guagua que nos llevaba y traía al colegio. Pensaba cobrar un peso por pasajero.

Ese paseo, una ocurrencia de muchachos desprevenidos, iba a ser sin embargo el principio de otra aventura que no era capaz de imaginar en ese momento.

Fue el primer evento que, sin esperarlo, me cambió la vida para siempre.

# 2

# Salemburg, Carolina del Norte (1950)

El primer episodio de mi existencia que me cambió la vida por completo tuvo lugar cuando estaba en la parte final de mis estudios en la escuela Candler de los misioneros metodistas, en Cienfuegos.

En el colegio donde estudiaba tenía mi grupo de amigos, muchachos como yo, aunque ya estábamos un poco más grandecitos.

Era un grupo variado, con mucho entusiasmo y digamos que sin malicia. Nos dedicábamos a pasarla bien, a explorar, a conversar entre nosotros. En pocas palabras, un grupo de jóvenes que querían pasarse bien el rato.

Para ese momento había una autobús, que nosotros llamábamos guagua, que hacía transporte a los estudiantes que asistían a la escuela. La guagua pasaba recogiéndonos bien temprano en la mañana, y nos dejaba por la tarde en la puerta de la casa.

Con el tiempo logré una buena amistad con el chofer, de nombre Luis, a quien acompañaba por todas esas rutas que hacía la guagua por toda la ciudad.

Un día, convencí a Luis que me nos llevara a mí y a un pequeño grupo de estudiantes, en un paseo para la playa.

Le dije que era parte de una actividad escolar, que teníamos permiso de la escuela, pero la verdad era que nadie más que nosotros sabía de ese paseo.

Se me ocurrió la idea de sacarle provecho al viaje, y comencé a cobrar un peso por estudiante. Todos mis amigos estuvieron de acuerdo, y quedamos de vernos a la salida de la escuela.

El día del viaje mis amigos y yo nos encontramos en las afueras del colegio, según lo convenido. Ya el chofer Luis había cumplido con las rutas del día, y nos esperaba puntual para recogernos.

Recuerdo que me puse en la entrada de la guagua, y comencé a cobrar el paso por estudiante.

Cuando ya todos estábamos adentro, Luis comenzó a encender el motor de la guagua, y ya todos nos veíamos gozando de las olas del mar.

Por fin arrancó el motor y comenzó a andar muy despacho. Justo en ese momento, escuchamos unos gritos desesperados.

"¡Detengan esa guagua en el acto!", dijo una voz con tono agitado.

Todos los muchachos volteamos inmediatamente a ver qué estaba pasando. El chofer, con cara de asustado, paró en seco la guagua, puso el freno de mano, y se bajó del autobús.

Cuando la persona que venía corriendo y vociferando se acercó, nos dimos cuenta que era el director de la escuela.

"Nos descubrieron", dije en voz baja.

El director subió a la guagua y cuando inquirió sobre el responsable, todos me señalaron.

"Adiós a la playa y a los pesos", pensé.

El episodio no provocó mi expulsión, sino algo peor.

Además de un buen regaño que recibí no sólo del director sino de mi madre, que nunca olvidaré, me informaron del castigo.

Fue en ese momento cuando mis padres me dijeron que habían tomado la decisión de enviarme a una escuela donde no me iban a dejar ni salir.

Yo me preguntaba cómo era aquello posible, si lo que había hecho no era tan grave.

Pero no había marcha atrás. Mi nuevo destino iba a ser una escuela militar en Estados Unidos.

Al principio, la decisión de irme de Cuba no me sentó bien. Pero no había manera de protestar. Decirle "no" a mi madre, o manifestar mi desacuerdo, era algo impensable. Y como buen muchacho que entendía las consecuencias de sus actos, acepté mi destino.

Después supe que todo había sido pensado por mi querida madre. Con mucho esfuerzo, nos había tratado de dar la mejor educación posible a mi hermano Ed y a mí.

Mi madre le consiguió a Ed una beca para estudiar en un

Foto del Edward Military Institute tomada en 1950, un año antes del ingreso de Gus.

colegio metodista en Estados Unidos, porque pensaba estudiar para hacerse ministro religioso.

A mí, que no tenía ese tipo de vocación, mi madre me mandó al colegio militar que mencioné.

No pasó mucho tiempo cuando me embarqué con una maleta pequeña, rumbo al aeropuerto de Marianao, para salir por primera vez de Cuba. Allí me monté en un avión de la Aerolínea Q, que cobraba $20 el pasaje de ida y vuelta a Cayo Hueso, que no estaba muy lejos de la Habana.

Y al llegar allí, me estaba esperando una guagua de Greyhound para trasladarme, en un viaje maratónico de más de 16 horas, rumbo a mi nuevo destino: Salemburg, Carolina del Norte.

La vida me había cambiado por completo.

## Mi nueva vida en la Academia Edwards

Más tarde me enteré que después del episodio de la guagua con el chofer Luis y el director de la escuela, mi madre se alarmó e inmediatamente buscó la forma de inyectarme, por así decir, más disciplina.

No dudo que ella buscaba lo mejor para hacer de mi un hombre hecho y derecho, y pensó haber encontrado la mejor solución.

Al parecer los propios misioneros metodistas de Cienfuegos le recomendaron enrolarme en la academia militar de Carolina del Norte, que había sido construida en 1926 por un ministro

Gus y Lilliam Machado durante su visita en 2021 al histórico Pineland College Edwards Military Institute, donde Gus realizó estudios en la década de los 50.

metodista, Anderson Edwards, que puso todos los ahorros de su vida para construir la institución, razón por la cual le habían puesto su nombre.

Con 16 años, aquel destino me pareció otra aventura. Yo, que he sido optimista y abierto a las novedades desde que tengo uso de la conciencia, tomé la experiencia como un reto.

Durante el viaje desde Cayo Hueso hasta Carolina del Norte, noté algo que me llamó la atención que nunca había visto.

Cuanto subí al bus de Greyhound, había dos o tres personas sentadas Adelante que eran blancas, y como 5 ó 6 que eran de color sentadas en el fondo. Y me llamó la atención porque yo de verdad no estaba al tanto de lo que estaba pasando.

Entonces decidí sentarme en el medio de la guagua, que estaba medio vacía, y me quedé quietecito hasta que llegué a la parada final.

Cuando hicimos una parada, bajé para ir al baño o a tomar un refresco, y vi avisos que decían "Black" o "Colored", y "White". Me llamó la atención porque en Cuba no había ese tipo de discriminación entre negros y blancos.

Cuando llegué, después del largo viaje, me impresionó el imponente edificio en forma de castillo medieval que era la sede del Instituto Militar Edwards, una escuela que era tanto para formar militares como para "enderezar" muchachos traviesos como yo.

Desde luego en esa época no había hispanos en esa parte de Estados Unidos. Ni siquiera había mexicanos. El único que había

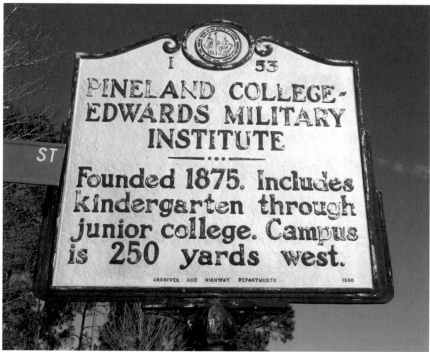

El institiuto Pineland-Edwards fue un prominente centro de estudios fundado en 1875, que formó una élite de estudiantes en todas las ramas del saber.

en toda la academia era otro cubano de nombre Luis Díaz, que ya llevaba un año allí.

Afortunadamente, cuando conocí a Luis, me habló en español, y me explicó las reglas del instituto, que ya él conocía. Me dijo: "esto es así, y así". Me ayudó bastante, aunque vivíamos separados en diferentes edificios, razón por el cual yo estaba siempre rodeado de americanos.

El Instituto era en realidad un complejo de edificios, con salones de clase, salas de conferencia, una gran biblioteca, y habitaciones para los internos.

También tenía amplios terrenos para la práctica de deportes como el fútbol americano y el beisbol, y una amplia plaza interior donde los estudiantes practicaban toda clase de formaciones y marchas militares.

Como era de esperarse, el ritmo de vida era fuerte: levantada en la madrugada, ejercicios, higiene y orden personal, largas horas de estudio, marchas y contramarchas, y poco tiempo libre. El ritmo era tan acelerado que no daba ni tiempo para extrañar a la familia.

A pesar de que ya tenía conocimientos de inglés por mis clases bilingües en el Candler, fue en la academia Edwards donde aprendí a dominar el idioma.

La experiencia de vida en la academia fue un choque. Yo, que venía de una provincia cubana con una rutina de vida relajada, me tuve que adaptar a ritmo completamente diferente, que me significaba un esfuerzo del que no estaba acostumbrado.

Otro cambio fue la interacción con nuevos compañeros que venían con sus costumbres familiares y culturales muy diferentes a la mía. Y lo peor de todo: nada de noviecitas, ni bailes ni paseos aventureros.

Sin embargo, pienso que esa experiencia me resultó muy ventajosa. Creo que mis padres tomaron la decisión acertada. Me enseñó disciplina y concentración. Me enseñó a ser mejor, y a ver bien las consecuencias de nuestros actos. Porque allí había otros muchachos de mi edad, todos americanos, que también habían tenido sus problemas, o que se habían escapado, y estaban haciendo lo mejor posible por rehacer sus caminos.

Una de las cosas que me gustaba eran los desfiles y las marchas. Nos daban un fusil de mentira, que llamaban un dummy, y marchábamos con el fusil apoyado en el hombro derecho, o el izquierdo, dependiendo de la rutina, y cantábamos como lo hacen en el Ejército. Éramos muy jóvenes, y disfrutábamos cantidad todo aquello.

La experiencia en la academia Edwards me mostró muchas cosas que yo desconocía. A la distancia, me hizo apreciar el valor de mi familia. Me obligó a integrar mi herencia cubana con el estilo de vida americano. El resultado de esa mezcla marcó mucho mi vida, y sus beneficios se me mostraron años más tarde, cuando me lancé a hacer realidad mis sueños de emprendedor.

Esa experiencia me enseñó también que lo mejor que le puede pasar a un adolescente que no quiere llevar bien su vida de colegio, es una enseñanza militar. Porque te enseñan reglamentos y disciplina, y eso me dio una guía en la vida, algo que le agradezco a mi madre y a mi padre.

## Mi retorno a Cuba y un encuentro fortuito

El invierno de 1950 pasó muy lento. Extrañé como nunca la tibia brisa que entraba por la bahía de Cienfuegos durante el verano. La alegría de la nieve dio paso a los días oscuros y fríos, propios de la época invernal. Pero mi espíritu, lejos de deprimirse, bullía con la efervescencia caribeña que siempre me caracterizó.

Luego arribó la primavera, y el ritmo disciplinario, que me parecía fuerte al principio, se me hizo soportable. El secreto era muy sencillo: como dice el dicho cubano: "no cojas lucha que la caña es mucha".

Cuando vino el verano de 1951 me matriculé en otra escuela, llamada el Greenville College, cerca de Salemburg. Estaba terminando el bachillerato, y ya para ese entonces hablaba inglés fluido y me movía a mis anchas.

Por fin pude viajar para las vacaciones de diciembre de 1951. De nuevo el largo viaje de 16 horas hasta Cayo Hueso. Y de ahí cogía el avión de Aerolíneas Q desde Cayo Hueso hasta La Habana. Y mis padres me estaban esperando para llevarme a casa en Cienfuegos.

Cuando llegué a mi ciudad después de un largo tiempo, no sé si las cosas habían cambiado, o era yo quien había cambiado durante los meses que había pasado en Estados Unidos.

De todas formas disfruté lo más que pude, porque había que volver a clases en las primeras semanas de enero de 1952.

Compartí con viejos amigos del colegio, visité mucho la finca de mi abuelo, con sus abundantes suministros de mercancía para vender en el mercado. Y uno que otro día me escapé para echar un pie, porque el baile siempre fue mi debilidad.

Llegó el momento de la despedida, y mi madre dejó aflorar su tristeza por mi viaje. Ya la travesura de la guaga y el chofer Luis y el director de la escuela parecía algo ocurrido mucho tiempo atrás. Sin embargo, debía terminar mi formación como se había establecido.

En esta ocasión un amigo de la familia me trasladó a La Habana para tomar avión rumbo a Cayo Hueso. El viaje transcurrió normal. Me hubiese gustado quedarme en Cienfuegos, pero una parte de mí me hacía pensar en mi futuro si continuaba la formación en Carolina del Norte.

Mientras el avión cruzaba el estrecho de la Florida rumbo a Cayo Hueso, pensé en las posibilidades que tenía por delante.

Sentía que ya era capaz de tomar mis propias decisiones. Estaba a punto de alcanzar la mayoría de edad, que en Cuba era a los 18 años, aunque no tenía ningún plan en concreto.

Cuando llegué a Cayo Hueso caminé hacia la estación de autobuses para tomar la guagua que me llevaría otra vez de regreso a Salemburg, Carolina del Norte.

Subí las escaleras y le mostré el ticket al chofer de la guagua. Fue allí, caminando para encontrar mi asiento, cuando ocurrió el segundo episodio de mi vida que me cambió por completo.

Igual que el primer episodio que tuvo serias consecuencias para mi vida, todo transcurrió dentro de una guagua. Y lo que terminó ocurriendo ese día en Cayo Hueso tampoco me lo esperaba.

# 3

# Joliet, Illinois (1952)

Apenas subí al autobús Greyhound ese día de enero de 1952 en la estación de autobuses de Cayo Hueso, su rostro llamó mi atención. La chica estaba sentada en un asiento al fondo de la guagua, viendo distraídamente por la ventana. El asiento a su lado estaba vacío.

Me di cuenta que la había visto antes en el avión, pero no le había prestado mucha atención.

"Es una chica muy bonita", pensé. Sin perder más tiempo, me senté a su lado. Ella no se inmutó al principio.

"Buenas tardes", me presenté extendiéndole la mano, y con mi mejor sonrisa en los labios. "Gus Machado, para servirle".

Ella no rechazó mi mano, y con una expresión seria, respondió:

"Buenas tardes. Olga Garrote, mucho gusto".

Inmediatamente noté que su acento español no era corriente.

Aproveché para continuar la conversación.

"¿De qué parte de Cuba vienes?", aventuré.

"Vengo de La Habana. Allí viven mis padres", dijo Olga. Y mostrando interés en seguir la charla, agregó:

"Antes vivíamos en España", me explicó. "Mi familia vino a Cuba huyendo de la guerra", añadió con un tono sombrío, refiriéndose a los estragos causados por la Segunda Guerra Mundial y la Guerra Civil española.

En breve estábamos conversando animadamente de tal manera que no caímos en cuenta cuando el bus salió de la estación rumbo a Miami. Mientras yo iba a Carolina del Norte, el destino de ella era Oklahoma, donde estaba cursando estudios de secretariado.

El diálogo era ameno y ella se sentía lo suficientemente en confianza como para contarme su historia familiar.

Me dijo que su padre, José "Pepe" Garrote, era un destacado artista plástico en La Habana que participó en las decoraciones artísticas del Capitolio cuando fue remodelado durante el régimen del general Gerardo Machado y Morales, y dijo que era un aficionado escultor de gárgolas.

Me contó además que su abuelo había trabajado en el museo de Arte e Historia Natural de La Habana, y me confió que ella misma le gustaba no sólo pintar sino practicar el baile y el canto.

"Me gusta el arte. Y también me gusta escribir poesía", me confesó.

Yo no salía de mi asombro por la suerte que me había tocado

Olga Garrote de Machado, primera esposa de Gus, en el esplendor de su juventud en Cuba.

en aquel viaje.

Al igual que yo, ella venía de Cuba y se dirigía a un internado para ampliar sus estudios. No por razones de disciplina sino porque sus padres querían que tuviera una buena educación.

Sabía que el viaje era largo para mí, pero no para ella, cuyo destino final era la estación de Miami. Y el tiempo estaba pasando muy rápido.

Así que decidí pasar a la acción.

## Así comenzó mi primer noviazgo

Me tomé el atrevimiento de posar mi mano en su pierna izquierda, por encima del vestido floreado que llevaba, para tantear el terreno.

Pero Olga hizo un rápido gesto de sorpresa.

"¿Pero qué es lo que tu buscas?", dijo, apartando con firmeza mi mano de su regazo.

Sin dejar de mirarla, me abalancé sobre ella tratando de abrazarla, y le dije sin más:

"Quiero darte un beso".

Ella mostró una expresión de asombro, por lo rápido de cómo estaban evolucionando las cosas, y volvió a preguntar.

"¿Qué es lo que tu quieres?"

"Darte un beso", respondí, al tiempo que acercaba mi rostro al de ella.

"Si quieres algo conmigo, hay que casarse", dijo a secas,

Gus Machado siempre fue un padre atento con sus hijos.

mirándome fijamente a los ojos.

"Yo me caso, me caso contigo", respondí sin pensármelo mucho. "Vamos a casarnos".

Ya llevábamos varias horas de viaje, así que decidimos bajarnos en la siguiente parada, que era Miami.

Allí nos quedamos en un hotel, cada quien por su lado, y al otro día por la mañana, nos fuimos a la corte para casarnos. Cuando llegamos ante el juez, ella dio su identificación -era varios años mayor que yo- y yo presenté mi pasaporte. Entonces el juez nos dijo que no podíamos casarnos porque yo no tenía los 18 años cumplidos, y según las leyes de la Florida, debía contar con un permiso de mis padres.

Olga no tenía esa dificultad: había cumplido ya su mayoría de edad y no estaba obligada a nada que no fuera su propia voluntad.

Entonces alguien nos sugirió continuar nuestro viaje al siguiente estado, Georgia, donde la falta de la mayoría de edad no era un impedimento para el matrimonio.

A mí me faltaban unos meses para cumplir los 18 años, y otra vez me veía embarcado en un nuevo hito en mi historia que iba a cambiar mi destino hacia nuevos derroteros.

## Joven al matrimonio y vida de trabajo

¿Estaba realmente enamorado de aquella mujer? ¿Estaba consciente de la decisión transcendental que había tomado al

Gus y su primera esposa Olga, recién casados, en 1952.

Gus sostiene a su primogénita Myra mientras su madre Elena, de visita desde Cuba, carga en sus brazos a Rudy, en la casa que Gus estaba construyendo en Jolliet, Illinois, 1954.

calor de una conversación de viaje en una guagua al lado de una bella mujer?

Ciertamente no tuve tiempo de hacerme esas preguntas, porque el entusiasmo de Olga por una nueva vida juntos era tan fuerte como el mío. Quizá era la perspectiva de la soledad en nuestras vidas en ese momento, en un país que apenas comenzábamos a asimilar y comprender. O quizá era simplemente la magia del amor a primera vista.

Sea como fuere, nos embarcamos para la segunda parte del viaje rumbo a Georgia. Ahora, muchos años después, se me escapan los detalles de la pequeña ceremonia. Pero si recuerdo bien que después que nos casamos ella llamó a sus padres y yo a los míos, para notificarles de lo que habíamos hecho.

En una cabina telefónica en un pueblo remoto de Georgia, conecté en una llamada de larga distancia con mi padre Eduardo. Era para mí una conversación de hombre a hombre. Sin más introducción, le dije:

"Me casé".

Mi padre guardó silencio al final de la línea telefónica.

"Espero que sepas lo que estás haciendo", me dijo. Y luego agregó:

"Si ya tienes esposa, pues búscate un trabajo".

Yo le respondí con mucho respeto que estaba dispuesto a hacer lo necesario para mantener a mi esposa y los hijos que vinieran. Afortunadamente, se tomó la idea mi matrimonio con más normalidad de la que yo esperaba, aunque yo ya sabía que

Gus y Olga Machado durante un picnic en Jolliet, Illinois,
con su primera hija Myra y el perro de la familia.

no iba a seguir ayudándome económicamente en esta nueva etapa de mi vida.

Olga estaba de lo más contenta. Después de casarnos, ella continuó su viaje a Oklahoma, para terminar su curso de secretariado. Y yo seguí estudiando por otros seis meses en el Greenville College, hasta graduarme.

Luego llamé a mi hermano Ed, que estaba estudiando en Illinois en el seminario metodista, y también tenía un trabajo. Ahí me dijo:

"Bueno, aquí puedes conseguir trabajo y están abriendo oportunidades para trabajar en una fábrica grande que están creando".

## Mis primeros hijos en Joliet, Illinois

Después de hablar con Ed, comencé a organizar todo para establecerme en Joliet, Illinois, que era la ciudad donde él estaba viviendo.

Cuando pasaron seis meses de mi matrimonio con Olga, organicé las cosas para establecernos en Joliet y buscar trabajo en la Caterpillar Tractor Company, que estaban entrevistando prospectos para empleos.

Olga seguía viviendo en Oklahoma a la espera de que yo pudiera conseguir un lugar para vivir los dos.

A la mañana siguiente que llegué a Joliet, a fines del verano de 1952, fui a entrevistarme en la Caterpillar, y me tomaron la aplicación.

Tuve suerte porque ahí mismo quedé contratado para realizar labores de limpieza y barrido de la fábrica, con un salario de entre 75 centavos y 1.25 dólares la hora.

No era un mal salario, si se piensa que se podían conseguir casas en los suburbios de Joliet por menos de 5.000 dólares en esa época. Un carro Ford Crestliner, por ejemplo, costaba unos 1.600 dólares, nuevo de paquete. La gasolina lo que costaba eran 27 centavos el galón. La vida era hasta más barata que en Cuba.

Así que empecé barriendo y limpiando con mucha disciplina, porque ya no tenía el apoyo económico de mis padres, y no tenía el entrenamiento para ser maquinista. Todos los días tomaba mi escoba bien temprano en la mañana, y me ocupaba de que las cosas estuvieran limpias y en su lugar.

En ese momento, Caterpillar era una corporación joven (había sido fundada como tal en 1925), y estaba en pleno crecimiento. Todos los días llegaban nuevos trabajadores para las líneas de ensamblaje de tractores y los nuevos modelos de maquinaria para mover tierra y construir carreteras, que se estaban vendiendo como pan caliente en todas partes del mundo.

En esos primeros meses yo vivía con mi hermano Ed, para no pagar alquiler, y así reunir dinero para poder traer a Olga desde Oklahoma.

Cuando pasaron más o menos dos o tres meses, ya había reunido el dinero y entonces alquilé un apartamento modesto, y llamé a Olga para que hiciera los arreglos y viniera a reunirse conmigo.

Debo decir que mi hermano Ed me ayudó mucho no sólo a conseguir trabajo, sino a ubicarme para poder comenzar con mi propia familia.

Al poco tiempo de haber comenzado, mi supervisor en Caterpillar me notificó que iba a recibir un entrenamiento especial y fue en ese momento, unos seis meses después de haber comenzado, cuando comencé a trabajar en una de las máquinas para hacer piezas para los tractores. No sólo había que fabricarlas sino asegurarse que las piezas no tuvieran fallas o desperfectos.

A los pocos meses ya ganaba 1.50 dólares la hora, lo cual me llevó a pensar seriamente en adquirir mi primera casa. Entonces compré un terreno y construí una casa, y nos mudamos porque se acercaba ya el momento de que llegaran los hijos.

La primera de mis hijos fue Myra, que nació el 21 de febrero de 1953, cuando todavía no teníamos un año viviendo en Joliet. Su llegada fue una gran bendición. Me dio un tremendo entusiasmo para continuar mejorando en el trabajo, con la ilusión de hacer realidad el sueño americano de que tanto se hablaba en esa época.

Al año siguiente nació mi segundo hijo Rudy, el 19 de abril de 1954, mi primer hijo varón, que trajo más alegrías al hogar. Un año más tarde, vino al mundo mi tercera hija, Lydia, nacida el 21 de mayo de 1955.

Pese a nuestra incipiente buena situación económica, no dejábamos de sentir la nostalgia de Cuba. Siempre teníamos un recordatorio de los buenos tiempos y el buen clima de Cienfuegos: el crudo invierno que invariablemente impactaba esa zona de Illinois cercana al lago Michigan.

En menos tiempo del que pensé, ya tenía una familia más numerosa que aquella en cuyo seno había nacido, integrada por mi hermano Ed y yo.

Apenas habían pasado unos pocos años del episodio de la guagua en Cuba, y caí en cuenta cuánto había cambiado mi vida. En ese corto período había aprendido la disciplina de la vida militar, y un nuevo estilo de vida en otro país; me había casado, había formado mi hogar, encontrado mi primer empleo y ahora, era el orgulloso padre de tres criaturas nacidas en ese nuevo mundo que me tocó por suerte.

Pero los cambios no pararon allí. Nuevas circunstancias abrieron otro capítulo en mi vida en este país de oportunidades, con nuevas dificultades pero también nuevos retos que estaba deseoso de enfrentar.

# 4

# Hialeah, Florida (1956)

Tras cuatro años de mi llegada Joliet, Illinois, y con una familia en pleno crecimiento, me llegó el momento de una nueva etapa.

Durante ese tiempo de trabajo continuo y de asumir las responsabilidades de formar y hacer crecer mi propia familia, me encontré meditando con más frecuencia acerca de mi futuro, y de lo que realmente quería hacer con mi vida.

Sentía que con 22 años y tres hijos, el tiempo estaba maduro para buscar nuevas metas y hacer realidad mis aspiraciones de construir mi propio destino.

Varios factores influyeron de manera crucial: uno de ellos fue el frío inclemente que en invierno hacía la vida más difícil en Joliet, al cual nunca pude adaptarme por completo.

A mi esposa Olga también le era muy difícil soportar el inclemente frío, y siempre me lo recordaba.

Otro factor fue mi convicción de que ya estaba listo para probar suerte con nuevas oportunidades, incluso mi propio negocio, a pesar de que me estaba yendo muy bien en Caterpillar.

Fue cuando, a principios de 1956, tomamos la decisión de mudarnos a la Florida. Ciertamente la cercanía de Miami a La Habana fue otro factor que atrajo a Olga, que llevaba años sin ver a sus padres. Así que tras poner la casa en venta, renuncié a mi trabajo en Caterpillar y nos lanzamos en un largo recorrido por tierra al Sur de la Florida.

Llegamos finalmente en la primavera de ese año a Miami. Previamente había contactado una dirección de alquiler en la zona de Opa-Locka, en el este de Hialeah, donde íbamos a residir mientras nos reorganizábamos en esta nueva etapa de nuestras vidas.

Ya tenía más de 6 años de haber salido de Cuba y en ese tiempo había pasado de estudiante travieso a padre de familia con tres hijos a cargo, y uno en camino.

Efectivamente, cuando llegamos a Hialeah, mi esposa Olga estaba embarazada de quien iba a ser nuestro cuarto y último hijo, Robert Machado, que es el único de mis hijos nacidos en la Florida.

Hialeah era entonces un pueblito rodeado de grandes extensiones de terreno lleno de ganado. Los grandes dueños de las tierras era la familia Graham, una familia de miembros prominentes como el senador estatal Ernest Graham, el editor de The Washington Post, Phillip Graham y el gobernador de la Florida, y posterior senador federal, Bob Graham.

Lydia, Robert, Rudy y Myra en la primera casa de los Machado en Hialeah, a fines de los 50's.

Poco tiempo después del nacimiento de Robert, el 30 de julio de 1956, Olga y yo acordamos que había llegado el momento de buscar ayuda familiar.

No era fácil para ella lidiar con cuatro niños y al mismo tiempo atender las tareas del hogar, mientras yo estaba tratando de procurar el muy necesario ingreso familiar.

Resultó que un buen día de agosto, Olga se embarcó en una guagua rumbo a Cayo Hueso con toda la prole a cuestas, y de allí a La Habana, donde la esperaban sus padres con los brazos abiertos.

Para Myra, de apenas 3 añitos, Rudy, con dos, y Lydia, de solo un año, fue una gran experiencia. Todavía recuerdan ese viaje: fue la primera vez que conocieron a sus abuelos maternos.

Tras la partida temporal de Olga, inmediatamente me puse en marcha para buscar empleo, mientras me familiarizaba con la ciudad. Quería ganar tiempo e identificar las oportunidades para hacer negocios que había en la zona.

Mientras tanto, encontré un empleo manejando un dump truck (camión de volteo), que ya sabía manejar porque había aprendido a manejar maquinaria pesada en Caterpillar. Trabajé seis meses y para ese momento ya tenía una casa rentada.

Así fueron los primeros meses de mi estadía en el sur de la Florida, y ese fue el trabajo que me procuró la manutención de mi creciente familia.

Pero tenía en mente mi propia meta: hacer lo posible por montar mi propio establecimiento comercial, para hacer aquello que me apasionaba desde que era un muchacho: comprar y vender productos.

La oportunidad llegó al azar, pero marcó un camino que nunca más pude abandonar.

## Mi primer negocio con un préstamo de $2,000

Hialeah, "La Ciudad que Progresa", no era ni la sombra de lo que es hoy en día, sino un pueblito al norte de Miami. Era una urbe joven, ya que había sido fundado en 1925, apenas 30 años

El restaurant La Carreta de Hialeah era uno de los lugares favoritos de Gus Machado. Allí tenía un "rinconcito" especial. Gus consideraba Hialeah, la ciudad que lo vio crecer como empresario de primer orden, como "territorio de Gus Machado".

antes, pero que prometía un futuro muy dinámico.

Era una época en la que los hispanos se contaban con las manos, y era muy raro encontrarse con alguien que hablase español con acento cubano.

Hialeah estaba creciendo organizadamente, con repartos por todos lados, construidos en forma eficiente, con calles amplias e incipientes zonas industriales y comerciales, como el Flamingo Plaza, y atracciones como el Hialeah Race Track, el famoso hipódromo que era punto de confluencia tanto para turistas como residentes de otras partes del condado de Dade, y del estado de la Florida.

Se podía notar que había prosperidad cuando uno hacía un recorrido por las calles de Hialeah. La actividad comercial y el tráfico de gente y automóviles estaba por todos lados, lo cual era un indicativo que había buen dinero circulando en las calles, algo que me animó a lanzarme al agua por mi cuenta.

Entonces comencé a buscar oportunidades de negocios, y encontré una estación de gasolina Sinclair, en la avenida Miami y la calle 17, en el norte de Miami, que estaba cerrada, pero tenía un letrero que decía en inglés, "para información llamar a tal y tal número".

Llamé y me dijeron que estaban interesados en rentar la estación de gasolina.

"¿La rentan?", volví a preguntar.

"Sí", me respondieron.

Contaba con un pequeño capital proveniente de las ganancias por la venta de la casa en Joliet.

Determinado en hacer realidad mi sueño de ser empresario en Estados Unidos, pedí ayuda a mi padre en Cuba, con quien a

Una vista de Hialeah en 1957, cuando los negocios de Gus Machado comenzaban a tener éxito.

pesar de todo, mantenía una buena relación.

Mi padre Eduardo no sólo mostró su disposición de apoyarme, sino que confió en mi potencial empresarial.

Con mis pocos ahorros y $2,000 que me prestó mi padre, alquilé la estación Sinclair y comencé a trabajar como mi propio jefe.

Inmediatamente noté que la estación tenía un buen flujo diario de clientes, tanto para llenar el tanque de gasolina como para ordenar cambio de aceites o reparar los frenos o cualquier otros desperfectos mecánicos, porque tenía también un taller de reparaciones.

Me dediqué en cuerpo y alma a este negocio. Por fin tenía algo propio, algo por lo cual luchar y hacer prosperar. Un instrumento para mostrar mi capacidad, para aprender las complejas tareas del empresario, y un camino de crecimiento para mí y mi familia. Creo que allí encontré mi vocación empresarial.

Fue el inicio de mi sueño americano.

## Entro en el negocio de autos usados por casualidad

Olga ya había regresado de Cuba con los muchachos y estaba de lo más entusiasmada con la nueva empresa.

Para esa época, mis padres nos visitaban desde La Habana y se pasaron una temporada con nosotros. Yo les alquilé un departamento a 4 ó 5 cuadras de la estación de gasolina, y mi padre, que venía a verme desde Cuba cuando no estaba trabajando en la zafra de azúcar en Cienfuegos, me ayudaba en la estación.

Los primeros tiempos en la Sinclair fueron de siete días a la semana de trabajo. La estación de gasolina básicamente tenía varios expendedores de combustible, un taller para reparaciones, y una pequeña tienda donde la gente hacía los pagos. La tiendita tenía un mostrador y unos estantes al fondo, que siempre estaban vacíos, dando una mala impresión.

En ese momento me había gastado todo el dinero en pagar la refacción del tanque de gasolina de la estación, y no tenía para comprar repuestos y ponerlos a la venta.

Fue cuando se me ocurrió una idea. Resulta que a unas pocas cuadras había una tienda de piezas y partes en las que nosotros comprábamos los repuestos para hacer las reparaciones. Y en la tienda siempre tenían muchas de las cajas en que venían los repuestos, cajas nuevas, tiradas en la basura. Había cajas de todo tipo, porque tenían un inventario grande.

Entonces me fui un día a recoger esas cajas nuevas, y comencé a ponerlas en los estantes de mi tienda, con una piedra adentro. Y lucían lindas las cajas, de tal modo que cuando los clientes llegaban veían como si la tienda estuviera bien surtida.

Todos los días llegaban clientes buscando ayuda con reparaciones de diverso tipo, y siempre había trabajo.

En esas labores me ayudaba un mecánico cubano que había conocido en otro lado, y lo había traído a trabajar conmigo. Mi padre también me ayudaba cuando estaba de visita.

En ese momento no sabía, pero la estación estaba ubicada en

una zona que era muy frecuentada por los portorriqueños que venían aquí a trabajar durante la temporada de turismo en el invierno, y luego iban a Nueva York durante el verano.

Era una población que entraba y salía en Miami, y esa fue la clientela la que me subió tremendamente el negocio, porque ponían gasolina, y traían sus carritos para repararlos o darles mantenimiento, y así comencé en el negocio de las reparaciones.

En una ocasión, un cliente dejó su vehículo para una reparación mayor en el motor. Sucedió que el carro, que estaba sobre una plataforma hidráulica a cinco pies de altura del piso, para que los mecánicos pudieran examinar y trabajar en la parte de abajo del motor, perdió el equilibrio y se volcó hacia un lado.

Gracias a Dios que llegaron varias personas que pasaban por ahí y entre todos logramos enderezar el carro, que se le había hundido el techo.

El vehículo era propiedad de un cliente portorriqueño, y pensando que no le iba a gustar lo ocurrido, se me ocurrió una posible solución.

Se me ocurrió proponerle al cliente cambiarle el carro por otro similar, lo cual me obligaba a salir a buscar un carro usado con las mismas características. Recuerdo que tenía un cliente que me había propuesto vender su Chevrolet convertible, y entonces le expliqué la situación al portorriqueño y le ofrecí un negocio para resolver el problema de su carro dañado.

Al principio el portorriqueño no quería hacer negocio, sino que quería llamar al Seguro para que cubriera el daño.

Pero en esa época el Seguro no era como ahora, las leyes eran diferentes. Finalmente aceptó, y pudimos hacer la transacción con los dos carros.

Ese fue el primer carro que yo vendí en mi vida.

Y así, por accidente, comencé con el negocio de compra y venta de autos usados, que me abrió muchos otros caminos en ese giro que ni siquiera imaginaba.

## Mis primeras experiencias como empresario automotriz

Cuando vendí ese primer vehículo, invertí un dinerito en otro par de carros usados, y así empecé mi negocio de automóviles.

Antes de ponerlos a la venta, los mecánicos le hacían una revisión completa para asegurarme que no estaba vendiendo un producto deficiente. Siempre me preocupé por cuidar mi reputación. Al final del día, eso es lo que tienes para lograr el éxito.

Una vez que el vehículo pasaba la revisión de los mecánicos, lo exhibíamos en una esquina del parqueo de la estación, con letreros gigantes con los precios de venta al público.

El negocio resultó una bendición. Enseguida comenzó a funcionar. Los carros se vendían entre $100 y $300, y había clientes que podían hacer pequeños préstamos bancarios para comprarlos.

Comencé vendiendo un carro por semana, y tenía la disciplina de invertir cada centavo de esas ventas en más carros usados. En

Vista aérea de la ciudad de Hialeah a fines de los 50s, cuando Gus Machado comenzaba a crecer en los negocios en Miami.

poco tiempo ya tenía hasta 10 carros usados en exhibición, el máximo que podía poner en venta en el limitado estacionamiento del negocio.

Fue cuando se me ocurrió la idea de dedicarme exclusivamente a la compra-venta de vehículos usados. Ahí era donde estaba el verdadero negocio.

La venta de gasolina dejaba una ganancia muy pequeña por galón. La reparaciones se movían bien, ya que tenía un buen flujo de clientes todas las semanas, pero era un servicio más complicado porque había que comprar repuestos, lidiar con los mecánicos, y con clientes que a veces no quedaban del todo satisfechos.

En cambio, la venta pura y simple de vehículos era algo que podía crecer sin más complicaciones que el papeleo. Los carros se vendían as is, como estaban, y dado que los carros estaban en buen funcionamiento, un cliente satisfecho traía otro, y así el negocio avanzaba porque la buena fama ayuda.

Recuerdo muy claro aquella época. Todo el mundo quería tener un carro. Eran los años de la postguerra, y había una buena recuperación económica promovida por el presidente Dwight Eisenhower.

Entre los carros que más se movían estaban los Chevrolet, particularmente el Chevy Bel Air, un carro muy buscado; y el Styleline, una máquina bien construida y sólida.

Para mi la venta de autos usados era un trabajo emocionante. Temprano cada mañana, después de poner en orden mi pequeño escritorio detrás del mostrador de la tienda (con las cajas vacías en los estantes) salía a supervisar las reparaciones en el taller, y luego a quitarle el polvo y pulir un poco los carros que estaban en venta, antes de que llegaran los clientes.

El trabajo de atender a la gente ha sido para mi como un don. Tan importante como la calidad del producto que se vende es la atención que el vendedor debe prestar al comprador. Una sonrisa, un apretón de manos, un comentario amable pueden hacer maravillas y multiplicar las ventas.

Mucho de lo que aprendí en esos primeros días de mi aventura empresarial, lo puse en práctica con éxito en los muchos negocios que hice más tarde, en los más de 60 años de carrera como empresario.

Dicen que el trabajo que se disfruta no es trabajo sino pasión. Sé perfectamente lo que significa esa expresión, porque lo viví a lo largo de mi vida.

## Mi primer intento de expansión

Algunos se sorprendían de mi acento, o al enterarse que había nacido en Cuba, y se mostraban curiosos. En ese momento no era tan común como lo fue después, encontrar cubanos en Miami, aunque suene increíble.

Sin embargo, a medida que me daba a conocer, fui conociendo más gente y algunos compatriotas que hacían vida en Miami.

También me fui familiarizando con la comunidad de puertorriqueños que venían durante las temporadas altas de turismo, a trabajar en los hoteles de Miami Beach -mucho antes de que se establecieran en Nueva York-, y terminaron formando parte de una de mis clientelas más asiduas.

Las ventas de autos usados se estaban moviendo de forma impresionante. El negocio no hacía sino crecer. El siguiente paso para mi se me hacía bastante claro: expandir hacia nuevos mercados.

Pero para ello, había que tomar riesgos. Y yo estaba muy dispuesto a asumirlos.

# 5

# Entre Miami y La Habana (1958-60)

La vida en Hialeah era ciertamente más cómoda que en Joliet, sobre todo porque no había el hielo de los inviernos.

Vivía con Olga y los niños en la zona este de Hialeah. El Palmetto Expressway no era ni de cerca una autopista sino una carretera con dos canales de ida y dos de vuelta.

Los niños se adaptaban bien a los estudios, mientras yo luchaba por aumentar las ventas y conocer gente en el giro, apuntando quizá a buscar posibles socios o nuevos mercados.

No había muchos hispanos en Miami, pero había una comunidad creciente de portorriqueños y cubanos. Ocasionalmente aparecía algún suramericano, como un cliente que tuve que era de Ecuador, que me compró muchos vehículos para él venderlos a sus propios clientes.

Ya en esa época se podían ver algunos comercios como

restaurantes con propietarios de origen latino, que aunque hablaban español, estaban adaptados al sistema americano.

Yo mismo me preocupaba por adaptarme a la sociedad y la cultura que nos rodeaba. Asumí mi integración a la sociedad norteamericana con celo. En ese momento entendí que sin aceptar ni practicar el estilo de vida americano, incluyendo un dominio lo mejor posible del idioma, no iba a poder tener el éxito que buscaba.

Recuerdo esos días en que discutía con Olga, por mi empeño en que en casa se hablara únicamente en inglés.

Un día que llegaba del trabajo, encontré a Olga hablando español, lo cual me molestó.

"No quiero escuchar nada que no sea inglés en esta casa", dije a todo pulmón. "Ahora todos somos americanos, estamos en Estados Unidos, y todo el mundo tiene que hablar inglés", agregué.

Desde luego, Olga no se quedó callada, y reaccionó también con molestia porque ella quería seguir hablando español.

Al final nos entendimos pero quedó claro que teníamos que hacer un esfuerzo como familia por integrarnos al nuevo país que nos acogió con generosidad.

Sin embargo, la vida familiar volvía a sus orígenes cubanos durante el receso dominical. Olga disfrutaba enormemente cocinando los copiosos desayunos y almuerzos que llenaban nuestra mesa, que no tenían nada de americano y mucho de la cocina cubana y española, que siempre me ha encantado.

Ed, hermano mayor de Gus, sus padres Elia y Eduardo, y el propio Gus en el patio de la casa familiar de Hialeah. Elia y Eduardo visitaban a Gus cuando Fidel Castro aún no había llegado al poder

## Vendiendo carros usados en Cuba

En el verano, durante los días de vacaciones escolares, los muchachos viajaban a Cuba, donde pernoctaban con los abuelos maternos, Roberto y Elena, absorbiendo el profundo afecto familiar y también el estilo de vida cubano.

De La Habana los niños viajaban a Cienfuegos para quedarse y disfrutar de la vida de provincial con mis padres, una experiencia tan repleta de emociones para ellos, que luego les costaba cantidad volver a adaptarse a Miami para el nuevo curso escolar.

La Habana en 1957, cuando Gus Machado principiaba en el negocio de la compraventa de automóviles.

Mientras tanto, yo no paraba de trabajar en Miami para procurar el sustento.

Recuerdo que en esa época, me contactó un grupo de cubanos que habían escuchado de mi, y de mi incipiente venta de carros usados en la estación de gasolina Sinclair.

Los hombres, que venían de Cuba a buscar carros usados para llevar a la isla, vinieron a mi negocio para pedirles que le acompañara a las subastas, para ayudarles como guía y traductor.

Hasta ese momento yo vendía uno que otro carro que me llegaba al negocio, pero no me había familiarizado con las subastas de vehículos usados.

Después que hacían sus compras, se llevaban los vehículos manejando hasta Cayo Hueso, un largo recorrido de unas seis horas, y de ahí los embarcaban en el ferry que hacía la ruta hacia La Habana.

Si uno iba con un carro en el ferry, te cobraban $60 ida y vuelta. Si llevaba dos, pagabas $120. Y así. Me pareció que podía ser un gran negocio. Y así fue como empecé a interesarme en el negocio de llevar carros usados a Cuba.

La venta de carros usados en Cuba me reconfirmó que las grandes oportunidades para mi carrera empresarial estaban allí, en ese pujante negocio. Al fin y al cabo pensaba: "los automóviles son productos de primera necesidad y nunca van a dejar de venderse".

No estaba equivocado.

## Llega la revolución castrista

Durante todo 1958 el negocio iba, literalmente, sobre ruedas. Llegué a enviar un carro por semana a Cuba en los últimos meses del año, y en Miami las ventas también se estaban moviendo bien.

Los carros más populares y buscados en Cuba eran los Chevrolet. Todos los modelos Chevy se vendían como pan caliente. Otro carrito que se movía era el Studebaker, que tenía modelos más deportivos.

Cuando llegó diciembre, llegaron también los rumores de que la guerrilla estaba en camino rumbo a la Habana. En ese momento estaba el gobierno de Batista, que tenía el 80 por

En este ferry que cubría la ruta Key West-Habana viajó numerosas veces Gus Machado, en su negocio de compra-venta de carros.

ciento de la gente en contra. Aunque era un gobierno de mano dura e impopular, permitía un clima de negocios normal, y más con Estados Unidos.

Pero había gente que ya entonces comenzaba a advertir de las tendencias comunistas de los revolucionarios de Sierra Maestra.

Sin embargo, la mayoría no se mostraba excesivamente preocupada y por el contrario, veía con buenos ojos a los guerrilleros castristas que supuestamente luchaban por un ideal de libertad y justicia.

Así que cuando llegó enero de 1959, recibimos la noticia que Batista había huido en la nochevieja, y los barbudos se aproximaban en su larga marcha a la capital.

Las cosas no cambiaron gran cosa en los primeros meses

del año. Seguía enviando carros usados a La Habana como de costumbre. En Cuba había un ambiente de cierta euforia por lo que la gente pensaba había sido la liberación de la dictadura de Batista.

Para los empresarios como yo, en cambio, lo más importante era saber cómo se iba a comportar el nuevo gobierno en materia de facilidades o regulaciones para la actividad comercial en general, y para las importaciones en particular.

Una visita familiar dominical al nuevo concesionario de Gus (Star Motors) a principios de los años 60. Los niños disfrutan de una Coca-Cola de la máquina de refrescos. Los cuatro niños al frente son Rudy, Robert, Myra y Lydia, con Coca-Colas en sus manos. Olga y Gus están de pie detrás de los niños. También en la foto la familia de los padrinos de Lydia y familiares que estaban de visita desde Cuba.

Vista del Palacio de Gobierno de La Habana, en 1958, cuando Gus Machado comenzaba a desvincularse de los negocioos en la isla tras la llegada del Comunismo de Fidel Castro a Cuba.

Nadie en ese momento se imaginaba lo que estaba por imponerse. Pero las primeras señales no tardaron en producirse.

El gobierno revolucionario anunció apenas una semana después de llegar al poder a principios de enero que iba a gobernar por decreto en los siguientes 18 meses.

En Miami resonaban las noticias que llegaban desde La Habana. Entre ellas estaba la entrada violenta que hicieron los guerrilleros castristas a los cuatro casinos más grandes que operaban en la capital, destrozando con mandarrias las máquinas traganíqueles.

En mayo de 1959, se aprobó la Ley de Reforma Agraria, que ordenaba la confiscación de todas las propiedades de más de 400 hectáreas de extensión para entregarlas a los campesinos. Era la nueva justicia revolucionaria que llegaba, y que comenzó a generar nerviosismo entre los empresarios cubanos.

Los terrenos de mis padres y abuelos en Cienfuegos no llegaban a esa extensión, pero no era difícil ver que en cualquier momento podía llegar una orden de confiscación sobre lo cual no había nada que hacer.

## La dictadura me cierra las puertas

Entretanto, seguía enviando carros desde Miami porque la

Anuncio del ferry que comunicaba la Florida y Cuba hasta que desapareció con la llegada de Fidel Castro.

demanda no daba señales de disminuir.

Los carritos se vendían bien, y había clientes que compraban los automóviles para revenderlos, lo cual era también un buen negocio.

Los trámites de importación no habían cambiado, pero ya la economía no era la misma.

El gran flujo de turistas y la intensa actividad en los casinos, que traía buena parte del dinero a la isla, prácticamente comenzaba a disminuir sobre todo debido a las medidas radicales del régimen castrista, que incluía sangrientos fusilamientos de opositores tras juicios sumarios, acusados de contra-revolucionarios.

Para mediados de 1960, ya se hablaba de que Estados Unidos planeaba un embargo comercial contra el régimen de Fidel Castro, que ya comenzaba a mostrarse como un líder autocrático y díscolo.

Preocupado porque el embargo significaría el fin de mis negocios en Cuba, viajé a La Habana para resolver y cerrar negocios pendientes.

A mi llegada, el ambiente estaba verdaderamente enrarecido. Se notaba una mayor militarización de la ciudad, y se sentía el temor en el ambiente.

Lo más rápido que pude visité un cliente que me debía entregar un último pago del carro que acababa de venderle.

Recuerdo muy claramente que tomé el cheque y lo llevé al banco para obtener el cash. En vista de que los pesos cubanos no me iban a ser útiles en Miami, hice el cambio a dólares y preparé mi viaje de regreso.

"Este es el último cheque que voy a poder cobrar en Cuba", pensé.

Pocos días después, en octubre de 1960, el gobierno en Washington prohibió todas las transacciones comerciales con Cuba, excepto por alimentos y medicinas. Mi aventura empresarial vendiendo autos usados en la isla había llegado a su fin.

Afortunadamente, había logrado cobrar el último cheque pendiente. Pero lo que parecía una experiencia frustrante, se convirtió en motivo para nuevas oportunidades de negocios.

# 6

# Nuevos Horizontes
# (1961-63)

Luego de cobrar aquel cheque justo a tiempo antes de que entraran en vigor las sanciones económicas contra la Cuba castrista, salí de la isla para nunca más volver.

En ese entonces los ánimos estaban muy caldeados y todo era incierto. Mientras continuaban los fusilamientos y los juicios sumarios, el régimen de Fidel Castro se volvía cada vez más cruel y radical, persiguiendo y encarcelando a todos los que no estaban de acuerdo.

A mí, que nunca me había preocupado la política, esa situación me tocó muy de cerca, y a partir de ese momento tomé conciencia de la dictadura que estaba imponiendo Fidel Castro y de la necesidad de luchar por la libertad de Cuba.

Pero todo eso vendría después. Por lo pronto la preocupación era por el bienestar de nuestros familiares, los de Olga y los míos, a medida que avanzaba el comunismo en Cuba.

Muchos cubanos tomaron la decisión de enviar a sus hijos por delante, en esa gran operación organizada por la Iglesia Católica de Miami conocida como Pedro Pan. Más tarde el éxodo se haría masivo, principalmente hacia Estados Unidos, pero también hacia otros países como México o Venezuela.

Muchos tenían en la cabeza la idea de que era cuestión de meses para que aquel experimento socialista colapsara, y el retorno iba a ser más pronto de lo pensado.

Luego vino el intento de invasión en abril de 1961, y el fracaso de ese intento, que nunca recibió el apoyo del presidente John F. Kennedy, convenció a muchos de que ya era hora de partir de la isla.

Sin embargo, pese a lo que estaba ocurriendo después de la llegada de Castro, muchas familias se mantuvieron incólumes en su decisión de no abandonar la isla. Entre ellas, estaban mis padres, y los padres de Olga.

Sin embargo, previendo lo que pudiera ocurrir con las intempestivas decisiones de Fidel Castro, mis padres en Cienfuegos ya se estaban preparando para mudarse a La Habana, considerando la posibilidad de dejar atrás las propiedades familiares que quizás debían poner en venta de forma que ellos nunca planearon.

Afortunadamente, cuando los cubanos comenzaron a llegar a Miami, ya nosotros llevábamos una década de presencia y trabajo que nos iba a dar una gran ventaja en medio de los nuevos problemas y las nuevas oportunidades que estaban surgiendo por la crisis cubana en el sur de la Florida.

Como puede imaginarse, la llegada del comunismo a Cuba cambió muchas cosas no sólo en mi entorno familiar, sino en mi carrera como empresario.

## Expansión de mi negocio en Miami

Continué con el negocio de los autos usados en la vieja estación de gasolina de North Miami, pero para entonces ya tenía más experiencia, había conocido mucho más gente y tenía un poco más de dinero para invertir.

Fue cuando tomé la decisión de abandonar la gasolinera y el pequeño taller donde me había iniciado como empresario de autos usados, y comencé a buscar un negocio de mayor envergadura.

Fue en ese momento en que vi un aviso de subasta de un negocio de venta de carros usados que se había declarado en bancarrota.

El garaje en cuestión se llamaba Pure Gas Station, y estaba ubicado en una calle más concurrida y comercial: el cruce de Le Jeune Road y la calle 7 del noroeste de Miami, muy cerca del aeropuerto.

Al lado de este garaje, se encontraba otro lote con otro negocio de carros usados que también había quebrado. La subasta en ese segundo negocio no era por el terreno sino por el lote de carros usados, unos 20 ó 30 carros.

Así que puse una oferta, compré ese lote de automóviles usados, recuerdo que eran un poco viejitos, y luego negocié con los dueños de Pure Gas Station para que me aceptaran un lease de la estación, y ellos aceptaron alquilarme el negocio mes a mes. Me mudé a ese nuevo negocio, que mantuve por casi 5 años.

Allí fundé, junto a otro socio que se había mostrado interesado, un concesionario para vender autos usados llamado Star Motors, mi primer negocio enteramente dedicado a la venta de automóviles.

La intersección donde estaba la agencia tenía la ventaja de que estaba ubicado al lado de una estación de gasolina West Star, y estaba a escasa distancia del aeropuerto de Miami, que ya era para ese entonces un centro nervioso del turismo internacional que llegaba al condado.

El activo tráfico de Le Jeune Road atraía usualmente clientes de todas partes y de todo tipo. El negocio comenzó a florecer ahí mismo, sin mucha publicidad, y lo que había que hacer era tratar a los clientes con mano de seda y amplia sonrisa.

Entretanto, nos mudamos a una casa más amplia en el oeste de Hialeah, más cerca del Palmetto y de la escuela donde los niños realizaban sus primeros estudios de primaria.

Recuerdo que mis hijos eran los únicos que en su escuela hablaban español. No había ninguna otra familia hispana enviando a sus hijos a esa escuela. Todavía no había llegado la oleada de cubanos que iba a irrumpir después.

Gus con sus padres Elia y Eduardo, en su casa de South Miami.

A eso se debía en parte mi insistencia de que había que hablar inglés en casa. Estaba convencido como ya lo he mencionado, de que la integración a la sociedad en la que nos toca vivir es un elemento clave para el éxito.

Debido a esto, nuestra vida se había hecho más sociable a medida que nos familiarizábamos con la ciudad, y conocíamos nuevos amigos.

Tuvimos la suerte de tener vecinos americanos que nos trataban con gran amabilidad y aceptación, a pesar de nuestras diferencias culturales.

En cuanto a mi trabajo, mi dinámica cotidiana no había perdido intensidad. Lo digo y lo vuelvo a repetir: nunca le tuve miedo al trabajo, por el contrario, siempre me ha gustado dedicarle todo el esfuerzo necesario para echar adelante un proyecto, y más en ese momento, cuando mi segunda iniciativa empresarial me estaba abriendo nuevos horizontes.

## Vacaciones familiares en México en vez de Cuba

La situación en Cuba empeoró aún más al año siguiente, en 1962. En febrero, el embargo de Estados Unidos se radicalizó para incluir casi todo tipo de exportaciones a la isla.

Pero lo más grave ocurrió meses más tarde, en octubre, cuando tuvo lugar uno de los episodios más críticos de la Guerra Fría: los 13 días que mantuvieron al mundo en vilo, durante la llamada Crisis de Misiles.

Fue un momento de mucha expectación para los cubanos que vivíamos en Miami. La prensa informaba sobre un enfrentamiento entre Estados Unidos y la Unión Soviética que tenía como escenario Cuba.

Siempre había la esperanza de que en medio de la confrontación, se produjera suficiente tensión como para hacer colapsar al régimen comunista de Fidel Castro. Pero la crisis pasó, Kennedy llegó a un acuerdo con los soviéticos, y por ahora, el dictador lograba sobrevivir.

Para cuando acabó la crisis de misiles, ya se habían producido dos oleadas de exiliados cubanos, incluyendo los 14 mil niños de la Operación Pedro Pan.

Ed, Elia, Eduardo y Gus en la nueva casa que Gus compró a sus padres en Hialeah, cuando dedicieron finalmente salir de Cuba, en 1985.

Pese a la situación, sin embargo, nuestros padres aún no tomaban la decisión de salir de la isla. Los niños, que habían compartido ya varias vacaciones con sus abuelos tanto en La Habana como en Cienfuegos, ya sentían nostalgia.

Tanto Rudy como Myra, que habían pasado un año entero, antes de la llegada del Castrismo, en la finca familiar de Cienfuegos, extrañaban cantidad a mis padres y la vida campestre que se vivía en ese entonces, llena de aventuras para dos niños de 4 y 5 años de edad, respectivamente.

En vista que los viajes entre la Habana y Miami estaban reducidos a lo esencial, y a los cubanos no se les permitía viajar a territorio norteamericano, la única forma de reunir las familias separadas por la revolución era viajar a un tercer país.

Así lo hicimos y las primeras de muchas vacaciones que dedicamos para que los niños disfrutaran del afecto de sus abuelos, tuvo como escenario Ciudad de México, que era la ciudad adonde nuestros padres se les permitía viajar.

Fueron encuentros inolvidables, principalmente para los niños, y especialmente para Robert, que era el menor de todos.

Cuando llegábamos al aeropuerto, de inmediato alquilaba un carro para conocer el país, sobre todo las playas de Acapulco y Veracruz.

Eran dos semanas de disfrute y descanso, de compartir familiar, de relax. Siempre me gustaron las vacaciones porque además de dedicar tiempo a mi familia, me permitía reflexionar sobre lo que tenía por delante, lo que vendría en mi futuro inmediato.

## Nuevos socios y nuevas empresas

El concesionario de Star Motors que montamos en Le Jeune significó una escuela para mí. Aprendí muchas cosas: los detalles de la escogencia de los autos que revendíamos, la exhibición de los modelos, la estrategia de precios para competir con los otros dealers, los secretos de una relación amigable con los clientes, y otros trucos para incrementar las ventas.

El negocio coincidió con la llegada masiva de cubanos

a Miami, de modo que comencé a vender carros usados a cubanos recién llegados que tenían sólo $100 el bolsillo. Y les daba facilidades de pago semanal, sumiendo un riesgo, pero ellos pagaban al pie de la letra.

Luego de los cinco años ya el negocio había crecido bastante y estaba vendiendo carros de más categoría más costosos. En ese momento llevaron un grupo de inversionistas cubanos con la idea de comprarme el negocio.

Yo les dije sin vacilar:

"Si me quieren comprar, acepto".

Nunca se me olvidan quienes eran: Alejandro Llanos, Saturnino Conde, que era el hombre del dinero; estaba Felo Conde, que era su hijo; Lucio Well, Oscar Gómez y Napoleón Llanos.

Los inversionistas, sin embargo, me dijeron que me compraban el negocio por una buena plata por cierto, pero con una condición:

"Queremos que tú te quedes en el negocio con nosotros", me plantearon.

Al final acepté y estuvimos como socios por otros cinco años. Ya entonces con el capital que entró, todo fue mejorando, la compra de carros era mucho mejor y aumentamos las ventas.

Más tarde encontré un lugar prometedor en la Avenida 27 y la calle 8, en lo que hoy se conoce como la entrada a la Pequeña Habana, y abrí American Auto Sales, una nueva empresa en la que yo controlaba todo, sin socios.

Ya me consideraba un poco más maduro como empresario, y me sentía mucho más seguro para tomar riesgos calculados en el negocio.

El sitio estaba bien ubicado. Estaba a mitad de camino de Coral Gables y Coconut Grove, y tenía entrada por la Avenida 27, que comunicaba el sur de Miami con el norte.

El tráfico era increíble y el público tenía la posibilidad de ver desde la calle los autos exhibidos cuando transitaban por esa avenida. Y no pocos se paraban a conocer los detalles de los vehículos en venta.

Las ventas fueron tan numerosas que había posibilidad de crecer más. Pensé que la apertura de un nuevo dealer podría duplicar las ventas y de este modo multiplicar mis ganancias.

No lo pensé demasiado, y contacté a dos cubanos que fueron los segundos socios con quienes hice buenas relaciones de negocios: mis buenos amigos Jaime Rosumoski y Pepe Valle.

Acordamos juntarnos como socios para una nueva empresa en otra esquina concurrida de Miami: calle 8 y Lejeune Road.

Sin abandonar American Auto Sales, fundé en sociedad un segundo concesionario de autos usados que bautizamos con el nombre de Big Trail Auto.

Para ese momento, Miami se estaba convirtiendo en la Meca del exilio cubano. Decenas de miles de compatriotas, que ya se habían convencido de que el retorno a la isla no estaba cerca, volcaron su energía en la generación de oportunidades para hacer dinero en el país que les acogía.

El creciente exilio por supuesto significó la adición de una clientela que nadie esperaba de la noche a la mañana. Porque con cada exilado, llegaba un potencial comprador, especialmente de carros usados porque eran más baratos e imprescindibles para movilizarse en una ciudad que estaba en pleno crecimiento.

## Las maravilla de la vida familiar

Mi hijo Rudy extrañaba las sesiones artísticas con su abuelo Pepe, que durante años fabricó esculturas de gárgolas y leones para decorar edificios en La Habana. Por eso brincó de emoción cuando supo que sus abuelos maternos, los padres de mi esposa Olga, habían decidido finalmente, venir al exilio en Miami.

Mis suegros Pepe y Lola llegaron a fines de 1962 y se establecieron en Miami Beach, que en ese entonces no era el lugar glamoroso y trendy que es hoy en día, sino un sitio de retiro para personas mayores y familias de recursos limitados.

El apartamento que escogieron para mudarse estaba a tres cuadras de la playa, así que no sólo era para los niños una bendición compartir tiempo con sus abuelos, sino una obsesión por los paseos a la playa.

Yo trabajaba entonces seis días a la semana, desde muy temprano en la mañana hasta bien entrada la noche, así que no tenía mucho tiempo para compartir con mi familia. Por eso los domingos se convirtió en ese momento semanal para celebrar la existencia, para compartir en la intimidad familiar una comida, o un baño en la playa.

Cada domingo era una ocasión para olvidar las presiones de la vida diaria, de los negocios, y concentrarme en las emociones de ser un padre de familia normal y corriente, con alegría y sin poses de ningún tipo.

Siempre me ha gustado cultivar la parte jovial de mi personalidad, el hacer chistes y reír hasta el cansancio. Nunca me gustó la actitud de "yo soy el jefe", "soy el qué manda", y mis hijos lo saben mejor que nadie.

Porque para mí era importante transmitir unos valores a mis hijos: alegría, esperanza, poner mucha energía en lo que haces, y siempre tener tiempo para reírte a carcajadas de un buen chiste.

# 7

# Familia, Negocios y Oportunidades (1964-70)

Cuando inició 1964, el país apenas comenzaba a asimilar la conmoción del asesinato del presidente John F. Kennedy. El evento se había convertido en un trauma nacional, también para el naciente exilio cubano, ya que había rumores por todos lados de que Fidel Castro estaba entre los actores sospechosos de la autoría intelectual.

Tiempo después se sabría que el asesino, Lee Harvey Oswald, había tenido contacto con funcionarios de la dictadura cubana en México antes del magnicidio, lo cual alimentó toda clase de teorías conspirativas.

Pero para ese momento yo no estaba tan concentrado en la política nacional e internacional, sino en empujar con fuerza mi negocio de venta de carros usados.

En ese momento quería forjarme un nombre, de modo que la gente dijera que comprarle un auto a Gus Machado era lo

Gus Machado durante una campaña publicitaria durante los días de Carnaval en Febrero de 1985.

mejor que podrían haber hecho.

Cada vez entendía mejor que parte esencial del éxito de cualquier empresa es promover una buena imagen. Una buena imagen, desde luego, está relacionada al orden, la limpieza, la honestidad, la palabra de honor.

Eran tiempos en que la palabra empeñada tenía un valor supremo. Bastaba esa palabra de honor y un apretón de manos para cerrar un negocio o iniciar un acuerdo de inversión. Violar esa regla sencilla significaba ser excluido de la comunidad de negocios, y garantizaba una automática mala reputación que resultaba muy difícil de lavar.

Con una buena reputación se podían abrir más oportunidades, en una economía que comenzaba a ser boyante, con un bajo nivel de inflación.

El dólar era una moneda incluso más fuerte de lo que es hoy en día, y la economía estaba en expansión, gracias a una serie de medidas tomadas por el fallecido presidente Kennedy, la más importante de las cuales fue una reducción de la tasa de impuestos tanto personales como corporativos.

Esto generó una prosperidad que benefició principalmente a la clase media norteamericana. Para mí la buena noticia era que esto significaba que la gente tenía más dinero en el bolsillo, y comprar un carro era una de las opciones principales.

Adicionalmente en la Florida la economía estaba recibiendo un impulso adicional del masivo flujo de cubanos que huían de la peste de la revolución en Cuba, trayéndose consigo sus bienes y su capacidad de trabajo y de inventiva.

Todo esto se reflejaba en las ventas, que comenzaban a crecer de forma lenta pero sostenida, en buena parte gracias a los entusiastas inmigrantes para quienes un vehículo usado era el primer paso para un futuro prometedor en la tierra del Tío Sam.

## Nuevo destino de negocios: Puerto Rico

En medio de aquel ambiente, consideré todas las posibles oportunidades para tomar ventaja de la situación económica.

Gus Machado fue un maestro consumado del arte publicitario, una cualidad que le valió convertirse en el más grande vendedor de automóviles en el mundo hispano de Estados Unidos.

Recordé la frustración que había sentido por no haber podido continuar el negocio de exportación de vehículos a Cuba, gracias a la llegada del Castrismo y el fin de las oportunidades de negocios en la isla. Ese negocio me había producido buenos réditos.

Pero me dije: "Cuba no es el único lugar donde también puedo exportar carros".

No conocía entonces a nadie que viviera en otro país más allá de Cuba, excepto por un lugar: Puerto Rico.

Había conocido muchos amigos portorriqueños que habían llegado a la Florida a partir de 1953, durante la mayor migración que salió de la Isla del Encanto, cuando yo apenas me establecía en Joliet.

En 1964 ya Puerto Rico tenía 12 años de haberse convertido en Estado Asociado en un acuerdo con Estados Unidos, lo cual le permitía mantener su propio gobierno y Constitución. La economía ya había cambiado notablemente de grandes sembradíos de caña de azúcar, a industrias manufactureras.

Para mí la traducción era: más trabajo, más dinero, más mercado para mis carros usados.

Pensaba: "Es una mina de oro, pocos en Miami están tomando ventaja de ese mercado, nadie habla español como yo, y ellos necesitan vehículos".

En poco tiempo adelanté las gestiones para exportar vehículos usados a Puerto Rico, y así nació mi relación de aprecio que tengo con esa isla, que me dio no sólo grandes amigos sino numerosos y satisfechos clientes a lo largo de los años.

Con la exportación de automóviles a Puerto Rico fue cuando empecé a levantar vuelo en mi vida.

Compraba un lote de carros usados en las mejores condiciones posibles usando mi firma American Auto Sales de Le Jeune Road, y los preparaba para exportarlos a Puerto Rico.

En esa época había preferencias por los carros producidos por General Motors. La isla se estaba abriendo al turismo y a los inversionistas, y era notable el creciente número de fábricas sobre todo de textiles que abrían por todas partes.

Los trámites no eran complicados, y en menos de lo que pensé comencé a enviar una cantidad pequeña de automóviles todas las semanas a Puerto Rico, desde el Puerto de Miami.

El negocio era muy bueno, aunque tenía un límite, porque sólo se podía vender un número determinado de carros al mes, porque ya comenzaba a haber competencia.

Viajé varias veces a San Juan porque había que negociar con los revendedores y propietarios de agencias de autos, que eran muy hábiles a la hora de pedir rebajas. Para mí lo importante era establecer una red confiable de distribuidores que me abriera las puertas a negocios más grandes a futuro.

## Mis padres en Miami Beach

En Miami los negocios marchaban a ritmo sostenido, pero la situación en Cuba siempre me producía desazón. Los cubanos seguían huyendo por todos los medios inimaginables de los abusos y la persecución de la dictadura castrista, que ya para ese momento se había declarado abiertamente comunista.

El tema de la dictadura no dejaba de producirme frustración, sobre todo porque mi familia que vivía en La Habana, nos mantenía al tanto de los desmanes de la dictadura, y de los

estragos de la escasez.

Todavía teníamos esos viajes a México como la única vía para reunirnos con mis padres, sobre todo pensando en nuestros hijos, porque teníamos la convicción de que debíamos fortalecer los lazos familiares.

Pero trataba de convencerlos de que ya era hora de salir Cuba para reunirnos en Miami, y finalmente los padres aceptaron la idea de abandonar la vida que habían llevado hasta ahora.

Miami, y particularmente Miami Beach, comenzaba a disfrutar del estatus de capital del turismo y el espectáculo.

Una de las personalidades más conocidas era el comediante Jackie Gleason, cuyos espectáculos en el teatro Fillmore eran muy populares. Gleason era un fanático del golf, afición a la que me uniría años más tarde, y era un entusiasta miembro del Miami Beach Golf Club.

Miami Beach también fue el escenario en 1964 del famoso programa del presentador Ed Sullivan con los Beatles, que visitaban por primera vez Estados Unidos, y causaban sensación en todas sus apariciones.

Ciertamente el Show de Ed Sullivan era uno de mis programas favoritos, y podría decir que aprendí mucho para mis futuras aventuras con los medios de comunicación.

No sé si fue por estas razones de farándula o por la simple cercanía a la playa, pero mis padres escogieron Miami Beach para establecerse a su llegada desde Cuba más tarde, una época que produjo un gran impacto positivo en nuestras familias, sobre todo en los niños, a quienes les encantaba pasar tiempo junto a sus abuelos.

La vida en Miami Beach era muy dinámica. Lo podíamos apreciar en los paseos dominicales que dábamos por la zona de Indian Creek, dominada por el imponente hotel Fontainebleau, y otros edificios con arquitectura Art Deco como el Eden Roc, Deauville y Carrillon.

Era común en esa zona ver los descapotables Cadillac transportando gentes glamorosas. Yo en lo único que pensaba era en cómo vender ese tipo de autos de lujo para mis clientes de Le Jeune Road y Puerto Rico.

Los 60s, una gran década para los negocios

La década de los 60 fue definitivamente una gran década. Había mucha turbulencia en las calles debido a las protestas por los derechos civiles. Pero en Miami teníamos otro ritmo de vida que estaba cada vez más influenciado por el turismo y el disfrute de la gente que venía a vacacionar o llegaba para quedarse, trayendo consigo dinero y prosperidad.

Un carro nuevo de paquete podía comprarse por unos $2,650, alrededor de un tercio de lo que una familia promedio ganaba en un año. Pero un carro usado y en buen estado, como los que yo vendía, se podía conseguir por mucho menos que ese precio.

Para quien tenía las ganas y la energía para encontrar un empleo digno, había opciones de sobra. Una persona que salía por la mañana a buscar empleo, podía comenzar a trabajar por la tarde y comenzar a ganar dinero de inmediato.

La gasolina no era un problema: un galón de combustible regular costaba 32 centavos el galón. Y el mercado automotriz era esencialmente americano: aún no había llegado la invasión de carros japoneses o coreanos que comenzaría una década más tarde.

Los vehículos más vendidos siempre eran una de las cuatro marcas que dominaban el mercado: General Motors, Ford, Chrysler y American Motors. Detroit era la gran Meca que había que visitar al menos una vez al año para ponerse al día con las tendencias automotrices.

En 1964 el mercado explotó cuando las fábricas de Ford lanzaron por primera vez el Mustang, el primero de los llamados muscle car en alcanzar gran popularidad sobre todo entre los clientes jóvenes.

Entre 1964 y 1966, cuatro modelos cambiaron las tendencias del mercado automotriz americano: el Pontiac Tempest GTO y el Firebird, el Chevrolet Camaro y el Dodge Challenger. Estos vehículos tenían en común un chasis relativamente pequeño pero un motor poderoso.

Para 1968, cuando recrudecían los disturbios por la Guerra de Vietnam, las ventas llevaban un ritmo sostenido a través de

American Auto Sales, no sólo en el mercado local sino en las exportaciones a Puerto Rico.

Apenas un año antes, la isla había votado mayoritariamente en un referendo a favor de continuar como un Estado Libre Asociado. Sólo el 1 por ciento de los votantes consideró que Puerto Rico debía independizarse de Estados Unidos, una aplastante derrota para los independentistas.

Viendo esa etapa en perspectiva, diría que fue una era de consolidación en mi negocio. De American Auto Sales, fundé en 1969 Big Trail, completamente independiente y listo para enfrentar los nuevos retos.

El final de la década, marcada por el enorme entusiasmo generado por el viaje del Apolo 11 a la Luna, en 1969, y el inicio de la era especial, señaló también una nueva etapa con mi nueva empresa y nuevas ideas que bullían en mi cabeza.

## Vida familiar en Miami Beach

En medio de todo el agite que rodeaba mi vida de hombre de negocios, siempre quedaba tiempo para el encuentro familiar.

El pequeño apartamento de los abuelos maternos en Miami Beach seguía siendo un punto de reunión. Mi suegro Pepe, un hombre con una impresionante ética de trabajo, se había encontrado un empleo en Hialeah, así que todos los días de la semana manejaba en un carro usado que yo le conseguí para cumplir con su nuevo trabajo, que tenían que ver con esculturas y arte.

Siempre traté de tener una relación de alegría y disfrute con mis hijos. Los trataba a todos por igual, con el mismo cariño y atención.

Mi hija Myra decía que siempre trataba de resolver los problemas, cualquiera que estos fuesen. No le faltaba razón. Siempre me ha gustado ayudar a quienes necesitan. Y si es mi familia, más aún. Sin importar si la sobrecarga de trabajo era mucha.

Pero más allá de los problemas y el trabajo, siempre tenía tiempo para la diversión.

En una ocasión, se me ocurrió la idea de comprar algunos instrumentos musicales de percusión como un bongo y una clave, y me fui a casa a sorprender a mis hijos.

Al llegar, puse un disco de música cubana, y les mostré los instrumentos tratando de mostrarles cómo tocarlos. Trataba de enseñarles un poco de ritmo cubano, porque siempre me encantó la música y bailar. Bailar y cantar ha sido una de mis aficiones porque es una forma de transmitir alegría y optimismo, dos valores con los cuales me identifico profundamente.

Por supuesto, en Hialeah vivíamos rodeados de buenos vecinos pero que no hablaban español ni conocían nuestra cultura. Y en Miami Beach, donde vivían los abuelos, la mayoría de los vecinos eran judíos retirados que habían venido a vivir sus últimos años de vida.

Los domingos continuaron siendo los días especiales en

esos días cuando los niños todavía seguían siendo niños y no habían crecido todavía.

Había momentos en que llevaba a Rudy a pescar. A mi hijo siempre le encantaron el mar y las embarcaciones que se veían entrar y salir por los canales de Miami Beach.

Recuerdo que siempre había un buen desayuno de huevos y tocino, café y pan cubano. Pero lo mejor estaba en el almuerzo con los abuelos. Siempre había tortilla española, camarones a la plancha, pescado fresco y asopados de mariscos.

La vida familiar no sólo en esa época sino en todas las que vinieron después fue siempre uno de los ingredientes claves para mi éxito profesional. La razón por la cual me convertí en lo que llaman adicto al trabajo o workaholic, era porque quería echar adelante a mi familia. Mi dedicación a los negocios siempre estuvo motivada por mi deseo de dar estabilidad y futuro a mis hijos. Sin embargo, los constantes retos del trabajo van abriendo caminos insospechados que son al mismo tiempo oportunidades positivas pero también riesgos. Porque sin riesgos no hay buenas oportunidades.

# 8

# Una década explosiva (1970-1979)

L a llegada de una nueva década trajo consigo una serie de novedades en todos los órdenes de mi vida hasta ese momento. Ya habían pasado 20 años desde la primera vez que pisé territorio norteamericano, en el ya muy lejano 1949, cuando fui enviado por mis padres a la escuela militar de North Carolina.

Ya había corrido mucha agua bajo el puente. Para ese momento había logrado consolidarme como empresario, tenía mi propio negocio, estaba buscando ampliar mi mercado no sólo en Miami sino en Puerto Rico.

Compraba carros usados en Miami, toda clase de modelos, y los vendía a todos los dealers en la isla, con excelentes resultados. A veces en un solo pedido, mandaba hasta 100 carros a mis clientes en Puerto Rico.

Pero las ventas comenzaban a enfrentar una serie de

obstáculos externos sobre los cuales se podía hacer poco.

La década de los 70 comenzaron con muchos en cambios en todos los órdenes de la vida del país, y en particular un gran alborozo de nuevos modelos de carros dirigidos a un público más joven que comenzaba a despertar su poder de consumo.

Automóviles como el Camaro y el Mustang había probado su popularidad durante la última mitad de los 60s, pero en los 70s las cosas se tornaron más complicadas.

Era la época de las protestas contra la Guerra de Vietnam y el movimiento de los hippies. Y para los cubanos en Miami, era la eterna lucha contra el comunismo en Cuba pero también para asimilarse a la nueva nación que les acogía como refugiados.

Para ese entonces, además de Gus Machado habían otros emprendedores que comenzaban a destacarse en la comunidad empresarial. Uno de ellos era Manuel Capó, fundador de la reconocida mueblería El Dorado, que había llegado en 1966 en una aventura digna de película.

Capó y su familia nombraron a El Dorado en honor al pequeño velero en habían llegado huyendo del Castrismo, navegando el peligroso Estrecho de la Florida, rumbo a México, y de ahí a Miami.

Otro empresario prominente abrió un restaurant en Miami que se convirtió eventualmente en un ícono de la cultura cubano-americana. Se trata del recordado Felipe Valls y el restaurant Versailles, que abrió sus puertas en 1971.

La historia de Felipe es bastante similar a la mía, aunque con algunas variantes. Igual que yo, vino a estudiar a una escuela militar en Estados Unidos, en su caso la Riverside Military Academy, de Gainesville, Georgia, en 1947, dos años antes de mi paso por la Academia Edwards de Carolina del Norte.

Luego volvió a Cuba en 1950, y trabajó como empresario hasta que, obligado por la llegada de la dictadura castrista, se vino a Miami a continuar su carrera profesional.

Estas historias personales –la mía, la de Manuel Capó y Felipe Valls, entre muchas otras de cubanos de éxito–, mostraban que las oportunidades estaban abiertas si uno estaba decidido al trabajo duro y persistente.

## Cambios radicales en la década de los 70s

Al principio de la década, por razones que no son fáciles de explicar, el turismo se vino abajo. Lo que había sido la Ciudad Mágica y un paraíso para los visitantes principalmente latinoamericanos, Miami pasó a ser una urbe que poco a poco perdía su glamour.

Los turistas, en cambio, comenzaron a dirigirse en masa hacia un nuevo destino más apetecible que Miami: Disney World, que abrió sus puertas en 1971 en Orlando y de inmediato se convirtió en un imán de turistas internacionales que antes llegaban al sur de la Florida.

La marca "Miami" como "capital mundial de la diversión", sufrió un severo daño en 1972, cuando los dos partidos políticos más importantes -demócratas y republicanos-, escogieron Miami Beach para realizar sus convenciones.

Ambos eventos políticos, dentro del marco de la campaña presidencial de ese año, en el cual fue electo Richard Nixon, resultaron un desastre de relaciones públicas, debido a las violentas protestas que se escenificaron.

Recuerdo esos días de protestas. Los jóvenes en grupo se movían por todo Miami Beach armando escándalo. Cualquier razón para protestar era buena, pero la gente se sentía amenazada.

La ciudad de Hialeah otorgó el reconocimiento de designar una calle dedicada a Gus Machado para celebrar la trayectoria de más de 40 años como el más icónico empresario de la ciudad.

Esos eventos causaron daño a la reputación de Miami como ciudad amable y divertida, y desviaron muchos turistas a otros destinos.

Sin el flujo de dinero que traía consigo el turismo, la competencia de Orlando por los dólares de los visitantes, y el impacto negativo de la violencia política, la economía se afectaba lo suficiente como para impactar negativamente la venta de autos usados que era mi negocio principal.

Toda esta situación iba a llegar a un punto crucial en 1973 cuando se produjo el famoso embargo petrolero contra Estados

Unidos, por una serie de problemas en el Oriente Medio, que produjo una terrible escasez de combustible, disparó los precios y generó una de las peores crisis económicas que se había vivido en el país.

Hasta entonces, todo había sido color de rosa, pero las cosas comenzaron a cambiar de forma dramática, y había que adaptarse a los cambios.

## Separación familiar y dedicación al trabajo

En el plano familiar la situación no estaba menos complicada. Por muchos factores que ocurrieron durante mis tiempos de consolidación empresarial, a fines de los 60s, mi vida familiar hizo un giro radical.

En 1969, poco menos de 20 años después de haberme casado, me separé de Olga y emprendí una nueva etapa en solitario, que me llevó a ver las cosas de un modo distinto.

Mis hijos permanecieron con su madre durante esos años, y continuaron centrados en sus estudios. Como era de esperar, la separación nos influyó a todos.

El fin de la vida matrimonial tuvo sus altos y bajos. Eché de menos las jornadas familiares los domingos, en que juntos nos juntábamos a disfrutar de la buena comida y luego a ver mis series televisivas favoritas, como El Gran Chaparral y Bonanza, y el programa de Walt Disney que era el preferido de los niños.

Extrañé la tortilla española de Olga, y los pequeños paseos de pesca con mi hijo Rudy en Miami Beach.

Pero al mismo tiempo acepté la realidad de que debía dedicarle aún con más empeño, toda mi capacidad para hacer crecer mi empresa.

Nunca le tuve miedo a la posibilidad de vivir solo. Me vi obligado a enfrentarla desde muy joven cuando me vine a estudiar en la escuela militar de Carolina del Norte, a la temprana edad de 16 años.

Además, mi temperamento alegre y sociable y mi buen humor, que nunca desapareció durante toda mi vida, me ayudaron en esta nueva etapa de mi vida.

Mi preocupación más importante era el bienestar de mi familia. Siempre quise estar disponible para ayudar a mis hijos a resolver cualquier problema que surgiera. Como era natural, Olga se quedó con la casa y allí continuó viviendo con nuestros tres hijos, que aún estaban cursando sus estudios escolares. Y mi vida continuó como antes: trabajo, trabajo y más trabajo.

"Papá es un workaholic", decía después mi propia hija Myra. No estaba lejos de la realidad.

En ocasiones, Rudy me acompañaba en el negocio, y me ayudaba a limpiar los autos en venta o a moverlos de un lado a otro. En el verano, Rudy trabajaba en la estación de gasolina que estaba al lado de Big Trail Used Cars, mi negocio de entonces en Le Jeune Road.

Trataba de enseñarle la ética del trabajo y la importancia de aprender a producir sus propios ingresos sin esperar a que le pusieran el dinero en la mano.

En 1969, cuando cumplió 15 años y pudo sacar su primera licencia de conducir, Rudy pudo comprar con su propio dinero su primer automóvil: un Corvette usado del año 1962, el carro de moda entre los jóvenes, por el que pagó $100.

Algunas veces invitaba a los amigos de Rudy para que me ayudaran a mover los vehículos usados que había adquirido, para llevarlos en caravana al Puerto de Miami, con destino a Puerto Rico. Los muchachos, que apenas tenían una licencia restringida, se prestaban entusiasmados a la tarea.

No pasó mucho tiempo cuando obligué a Rudy a vender el bendito Corvette porque se estaba metiendo en muchos problemas, haciendo competencias ilegales. Se lo vendimos a un agente de policía motorizado en Hialeah.

Mi hija mayor Myra, que ya tenía 18 años en ese momento, había terminado sus estudios de bachillerato, y cursaba el segundo año en el Miami Dade Community College.

Un tiempo después decidió seguir a su madre que se había mudado a una localidad en las afueras de Gainesville, en el norte de la Florida, para reiniciar su vida junto a mi hijo Robert.

Myra estaba decidida a valerse por sí misma y formar su propio futuro, así que retornó a Miami para casarse al terminar los dos años de estudios universitarios y comenzó a generar sus propios ingresos. Luego retomó sus estudios en la Florida

Gus Machado bailando con su hija Myra en el día de su boda,
Miami, 9 de Agosto de 1975

International University (FIU), donde estudió por 3 años hasta que se graduó en 1977 con un título en Educación Especial.

Para Myra era muy importante seguir los dictados de su vocación y trabajó como educadora de niños con necesidades especiales por los siguientes 35 años, algo que siempre me produjo admiración y respeto.

Rudy, como un brioso corcel, se lanzó también a buscar su propio camino y se casó con una chica de Hialeah con la

Gus Machado al lado de hijos y familiares durante la celebración
de un aniversario en 1986.

que tuvo un hijo. Las responsabilidades familiares, como me
había ocurrido a mi, lo llevaron a abandonar los estudios para
procurarse el sustento.

Pero la juventud de ambos los llevó a la separación, y
Rudy decidió mudarse al norte, cerca de Gainesville, donde ya
vivían Olga, Roberto y Myra. Allí finalmente encontró sosiego
en las fincas de Ocala, que le recordaban la finca familiar en
Cienfuegos donde habían transcurrido muchos momentos
felices de su infancia, y donde hizo vida y construyó una
nueva familia.

Pese a la diversidad de caminos que tomó la familia después

Gus Machado se dirige al público durante el evento de designación del Gus Machado Way, en junio de 2012. Escuchan, entre otros, el alcalde de Miami Tomás Regalado.

de la separación matrimonial, siempre estaba ahí para atender cualquier necesidad de mis hijos. Porque como siempre decía mi hija Myra, me encanta escuchar y atender las necesidades de los demás, y los finales felices.

## Crisis petrolera en los 70s y nuevas oportunidades de negocio

El embargo petrolero de los miembros árabes de la

Gus durante la grabación de su programa en la sede de
Gus Machado Ford en 1984.

Organización de Países Exportadores de Petróleo (OPEP)
contra Estados Unidos, por su apoyo a Israel durante la llamada
Guerra del Yom Kippur, provocó un impacto en muchos
aspectos de la vida de los americanos, pero en particular en la
industria automotriz.

Las largas colas en las estaciones de gasolina por todo el
país debido a la escasez provocada por el embargo terminó
traumatizando a muchos consumidores y causando mucha
preocupación a los negocios de venta de carros.

De repente, la gente tomó conciencia del valor del

combustible. Muchas personas redujeron el uso de sus vehículos y comenzaron a usar más a menudo la bicicleta como una forma de ahorrar gasolina. Muchos viajes de vacaciones fueron cancelados ese año y el siguiente. Todas las actividades que implicaban viajar en automóvil fueron reducidas al mínimo esencial.

Cuando la cuenta de electricidad reflejó la inflación producida por los altos precios del combustible, la gente comenzó a tomar medidas de todo tipo. Algunos instalaron paneles de insulación para ahuyentar el calor y preservar el frío de la noche, y así ahorrar energía. Otros comenzaron a usar el aire acondicionado de forma más prudente, ayudándose con ventiladores de techo.

En ese momento por problemas laborales en las fábricas de Detroit, se produjo una escasez de vehículos americanos, y fue cuando comencé a hacer negocios al revés en Puerto Rico. Iba a la isla a comprar carros nuevos para traerlos a Miami, para paliar la escasez.

En esa época ya comenzaban a ser populares los carros de las automotrices asiáticas como Toyota, Datsun y Nissan, que ya tenían mucho éxito con vehículos más pequeños y eficientes en consumo de gasolina, como el Toyota Corolla y muchos otros.

Toyota había vendido el primer Corolla en el mercado norteamericano en 1966, pero seis años más tarde, en 1972, ya era la firma de autos importados número uno en los Estados

Gus Machado convertía frecuentemente su tienda de venta de vehículos como un gran estudio de televisión, un pionero en su época.

Unidos, alcanzando la marca del millón de unidades vendidas.

Durante un tiempo vendí esos modelos y fui uno de los que introdujo en Miami los carros Isuzu, que eran desconocidos y comenzaron a ganar popularidad.

Fue cuando me llegó la oportunidad que me encaminó en una dirección mucho más prometedora.

## Negocio de autos nuevos en la isla

La manera cómo llegué a firmar un convenio con General Motors resulta muy interesante y es una muestra de lo complicado que era el negocio de vender autos nuevos, en comparación con los autos usados.

En 1974, cuando ni imaginaba convertirme formalmente en un vendedor de autos nuevos, surgió una situación en Puerto Rico que me resultó inesperada por completo.

Yo vendía autos usados en la isla, mientras que los carros nuevos los vendía el principal distribuidor allí, que era Caribe Motors, que surtía a todos los vendedores de autos nuevos en todo Puerto Rico.

Caribe Motors tenía un contrato con General Motors para la distribución de los autos nuevos. Pero comenzó a enfrentar problemas en ese momento porque muchos de los carros que compraron para distribuir no tenían demanda, una falta de tino de la gerencia para determinar los gustos y la demanda del público.

Los carros se le fueron acumulando a Caribe Motors hasta que, a mediados de año, no pudieron seguir en la operación y se fueron a bancarrota.

La salida de Caribe Motors dejó huérfanos a todos los vendedores a quienes la firma les distribuía los carros nuevos.

Entonces comencé a recibir llamadas de los dealers que se encontraban molestos y desesperados porque no tenían carros nuevos para vender, pese a la demanda.

Yo les vendía autos usados, pero ellos querían autos nuevos, así que aproveché la situación aunque no sin dificultades.

Hice mis propias investigaciones sobre cómo exportar

autos nuevos de Miami a la isla, buscando un modelo que fuese para mi viable financieramente.

Comencé a preguntarles a los dealers en Puerto Rico el tipo de carros que necesitaban. Luego negociaba con concesionarios ya establecidos de General Motors en Miami para presentarles las órdenes de mis clientes en Puerto Rico.

En ese entonces había tres concesionarios: Anthony Abraham, Don Allen Chevrolet, y Sark Chevrolet. Esos eran los tres a los que acudía para ordenar los pedidos de los clientes en Puerto Rico.

Por ejemplo, iba a Puerto Rico y le preguntaba al cliente: "¿Qué carro necesitan? Y me respondían: "Necesito un Malibú, o un Montecarlo". Yo les tomaba la orden, y luego me aseguraba que el cliente tenía una línea de crédito abierta con Citibank, que era el financista, para poder cubrir el costo de la orden.

Entonces cuando iba a Citibank en Miami, le explicaba al gerente que un cliente, como lo era por ejemplo Rossi Motors -un gran distribuidor de General Motors en Puerto Rico-, me había hecho un pedido de 4 ó 5 Montecarlos, y 3 ó 4 Malibús. Entonces el gerente chequeaba el tema financiero y me autorizaba el pedido, para yo poder cobrar.

Así que hice una buena relación con los clientes y con el banco, y comencé la operación. Después de poner la orden, los automóviles llegaban entre 4 a 6 semanas, y de ahí los preparaba y los llevaba al muelle y los pasaba por la aduana.

Como es natural, yo pagaba los arbitrios del carro, todo lo necesario para su exportación, porque el banco lo exigía. Pero cuando yo llevaba el carro al puerto, ya yo recibía del banco el depósito de mi ganancia.

Ahí fue cuando fundé la compañía GM Motors Exports, y comencé a hacer este buen negocio que me duró poco menos de dos años.

Las ventas en la isla recibieron un impulso económico crucial cuando el IRS en Washington aprobó la llamada sección 936, que permitió a las empresas americanas establecidas en Puerto Rico generar ganancias sin pagar impuestos.

Fue un momento de expansión económica increíble que creó más de 100,000 puestos de trabajo, y por supuesto alimentó tremendamente las ventas de carros nuevos. Fue una época de grandes negocios y de muchas nuevas amistades en la isla, que sentó las bases para entrar de lleno en el mercado automotriz.

Porque una cosa era vender autos usados y venderlos como mejor se podía, y otra enteramente distinta ofrecer al público vehículos de último modelo, con toda la parafernalia de la publicidad que rodeaba esas ventas, lo cual me abrió los ojos a un universo que no había visto hasta ese momento.

## Amigos y Golf en Puerto Rico

Otro de los negocios que prosperó durante mis años de actividad en Puerto Rico fue la del leasing de automóviles, un concepto que hasta ese momento no era muy conocido en la isla.

A lo largo de los años en que hice negocios en Puerto Rico me encontré con numerosas personas que me mostraron su calidad humana. No quiero dejar de mencionar las relaciones y amistades que encontré y cultivé durante esos años de actividad en Puerto Rico.

Allí conocí a fines de los 70s a Gloria, que fue mi esposa durante varios años. También conocí a muchas personalidades y amigos que me influyeron positivamente.

Entre ellos mi amigo Héctor González, un dinámico portorriqueño que había alcanzado un gran éxito en el negocio de alquiler de vehículos, al punto que tenía su propio avión. Héctor y yo trabajamos juntos en negocios que trajeron buen rendimiento.

En Puerto Rico conocí a un notable cubano, que había alcanzado fama en la isla, adonde había llegado luego de un periplo que lo sacó de Cuba en 1960 a Nueva York, y de ahí a San Juan.

Se trata de mi buen amigo Guillermo Alvarez-Guédez, un comediante sin igual que frecuenté mucho en la isla y luego en Miami, adonde vino a vivir para solidificar su fama de genial humorista.

Nunca olvidé su consejo que parecía exagerado pero tenía su verdad: "hay que tirarlo todo a relajo". Para mí era: "hay que tomarse la vida no muy en serio, sino con humor y relax".

Otra persona de gran estima fue mi buen amigo Cándido González, cuyo indudable mérito fue iniciarme en los misterios de la pasión por el golf.

Hasta ese momento, consideraba el golf como un deporte de bobos, que no requería mayor esfuerzo físico. Hasta que un día mi amigo Cándido me propuso un reto:

"Te voy a dar 100 dólares si tú le das con un palo de golf a la primera pelota". Fuimos al campo de práctica y ahí me di cuenta de lo equivocado que estaba: me costó cantidad darle a la pelota.

Pero luego, gracias a la paciencia de Cándido, aprendí a jugar y desde ese momento quedé enganchado con el golf.

No tenía idea de la importancia que iba a jugar el golf en mi vida empresarial… gracias a Cándido.

# 9

# En las Grandes Ligas (1980-1987)

Mi nueva experiencia vendiendo automóviles nuevos, en vez de usados me hizo entender la importancia capital que tenía la publicidad para incrementar las ventas.

Hasta entonces habíamos confiado en los tradicionales avisos en los periódicos, y publicidad en las emisoras de radio e incluso incipientes campañas para televisión, y había funcionado de una manera eficiente.

Pero con la llegada de la nueva década, la competencia se hizo mucho más intensa. Los nuevos dealers ofrecían competitivos especiales cada semana buscando atraer un mercado que se había activado, en gran parte, debido al gran flujo de dinero que estaba entrando a Miami por esos años.

La ciudad había sufrido muchos cambios desde fines de la década de los 70s. Después de las protestas por la Guerra de

Gus Machado fue un incansable entusiasta del Golf, y organizó varios de los torneos golfísticos que marcaron una época en el Sur de la Florida.

Vietnam, se produjo la dimisión del presidente Richard Nixon por el escándalo de Watergate; y desde entonces, Estados Unidos había tenido dos presidentes –Gerald Ford y Jimmy Carter- y los problemas parecían no dar pausa.

Pero al mismo tiempo, la gente mantenía la esperanza de un futuro prometedor. Y nada mejor para mantener los ánimos en alto que comprar un carro último modelo, para sentirse transitando por el camino correcto hacia la prosperidad.

Ese era el espíritu imperante, y yo estaba listo para atender esa demanda del mercado de compradores.

A diferencia de los años de escasez de combustible a principios de los 70s, la demanda por autos de lujo se disparó por los cielos en los 80s. La gente buscaba vehículos con grandes máquinas y comodidades más allá de lo que se conocía hasta ese momento, como sofisticados sistemas de sonido, asientos eléctricos y acabados en madera y cuero.

Y aquí era donde entrábamos los empresarios como yo, para ofrecer las mejores condiciones y ventajas para adquirir ese tan anhelado vehículo nuevo. Y con las nuevas cosas que estaban ocurriendo, un montón de ideas comenzaron a revolotear en mi cabeza.

## Nueva alianza con Buick y GM

Para mi fortuna, mi relación con Buick creció al ritmo de la economía en esos años. Las ventas fueron tan buenas que en 1982, llegué a un acuerdo para comprar el concesionario Seipp Buick, que funcionaba en Hialeah, para vender los automóviles Buick en el sur de la Florida.

La compra de esa agencia fue así:

Para ese momento la situación económica se había puesto crítica, gracias a una serie de decisiones tomadas por la administración de Jimmy Carter, que había disparado los intereses de los préstamos bancarios al 20%.

Esta situación afectó a muchos negocios y empresarios que

Los torneos de Golf organizados por Gus Machado desde 1985 ayudaron a recoger cientos de miles de dólares para causas benéficas.

tenían deudas, entre ellos un vendedor de autos llamado John Seipp, que se vio obligado a poner su negocio en venta.

Seipp había puesto de forma anónima, a través de un broker, un anuncio en el periódico para ofrecer su concesionario en venta, pero sin decir en qué lugar de la Florida se encontraba.

Me interesó la oferta así que llamé al broker que representaba al empresario, para inquirirle acerca de dónde estaba ubicado el negocio. Se negó a revelar la ubicación, a menos que yo le firmara un contrato de confidencialidad, y además pusiera un depósito inicial.

Tomé la iniciativa prácticamente a ciegas. Firmé el contrato, puse el depósito. La mayor sorpresa vino cuando el broker me dijo que el concesionario se encontraba nada menos que… ¡en Hialeah!

Yo no podía creer, me pareció como un milagro. Yo creía que era en alguna parte de la Florida fuera de Miami. Así que negocié el mejor precio, y compré la agencia Seipp Buick, la primera que tuve para distribuir autos de la General Motors.

La agencia estaba ubicada en la calle 49 y la 16 avenida de Hialeah, en un terreno que también estaba incluido en la negociación, y que me resultó tremendamente útil para mis futuros negocios empresariales.

El acuerdo para vender carros Buick lo vi como una coronación a mis esfuerzos de venta luego de muchos años de trabajar y conocer el mercado. Fue mi primer negocio formal de venta de autos nuevos, así que decidí hacer algo que luego

Gus Machado fundó importantes eventos de golf en el Sur de la Florida, incluyendo el Golf Shoot Out del Doral Eastern Open, el PGA Senior Golf Classic y el Gus Machado Classic Charity Golf Tournament, a beneficio de la American Cancer Society.

resultó muy conveniente: por primera vez le puse mi nombre al negocio.

Así nació Gus Machado Buick & GM, que se convirtió en uno de los más famosos dealerships de Miami.

Era mi sexta compañía desde que adquirí en 1956 aquella pequeña estación de gasolina en la avenida North Miami y la calle 17 del noroeste, donde comencé por accidente a vender autos usados.

Después habían venido Star Motors Inc., en Le Jeune y la calle 7 del noroeste; American Auto Sales, cerca de la Pequeña Habana; Big Trail Auto Sales, y GM Auto Export, a través de la cual vendí incontables vehículos en Puerto Rico.

Fue la primera vez en que uno de mis hijos se me unió en la empresa: mi hija Lydia, que hasta el día de hoy continúa en estas mismas responsabilidades. Antes mi hijo Rudy me había ayudado cuando vendía los carros usados en Puerto Rico, a fines de los 60s y principios de los 70s, pero nunca trabajó como empleado o ejecutivo, ya que tenía otros intereses y experiencias por delante.

También en esa época me acompañó como ejecutivo en mis negocios mi querido hermano Eduardo, que se había establecido en Miami. Ed tenía un carácter más reservado que yo, pero era tan o quizá más eficaz vendiendo flotillas enteras de vehículos a organismos y agencias del gobierno, que creamos una sección entera de ventas sólo para sus clientes, de la que estuvo a cargo por varios años.

La nueva agencia me brindó nuevas experiencias y grandes oportunidades para crecer como un gran vendedor de autos en la región, en gran parte debido al éxito de la marca que estaba vendiendo.

Buick & GM siempre ofreció modelos muy atractivos y de fabricación americana, lo cual cautivaba a una parte importante del público consumidor frente a la invasión de autos japoneses y alemanes que estaba siempre en crecimiento.

Uno de los más exitosos fue el Buick Riviera, que ya para esa época no era barato (costaba poco menos de $12,000) pero era un gran vehículo. El modelo más lujoso tenía asientos

Gus en entrevista con el famoso golfista portorriqueño Chi Chi Rodríguez.

delanteros de cuero, reclinables, ventanas eléctricas y autopilot. Me encantaba tanto ese modelo de carro que no me costaba nada convencer a los clientes que se mostraban interesados.

Usaba una combinación de buen humor para generar una relación de confianza con el cliente, de modo que se sintiera atendido personalmente.

De hecho, lo hacía tan bien y de forma tan convincente que las ventas subieron. Fue en esos momentos en que surgió la idea con fuerza.

La idea era sencilla: quería convertirme en el más importante promotor de mis productos. En vez de dejar en manos de otros los asuntos de publicidad y promoción, decidí que ya era tiempo de asumir yo mismo esas tareas, y usar mi propia imagen como herramienta principal.

Era una idea que probaría ser muy efectiva, aunque no era algo exactamente nuevo. Había crecido admirando los programas de televisión en la década de los 50s, especialmente el Show de Lucy, cuyo personaje principal, Ricky Ricardo, representado por el cubano Desy Arnaz, demostró que un inmigrante cubano podía triunfar en la televisión americana y lograr fama y fortuna.

Por otro lado, durante toda mi carrera, me inspiraba un gran personaje que quizá fue el más importante vendedor de carros de la historia de Estados Unidos.

Escuché hablar por primera vez de James Martin Moran, mejor conocido como Jim Moran, en la década de los 60s, cuando dirigía el muy famoso dealership en Chicago, de donde era originario, bajo el nombre de Midtown Motors.

Jim tenía una historia que en parte se asemejaba a la mía. Al terminar sus estudios de bachillerato, en 1939, reunió lo suficiente para comprar una estación de gasolina Sinclair a la que, unos años más tarde, adicionó un lote de carros usados, exactamente lo que había hecho yo con mi estación de North Miami.

A mediados de los 40s, se convirtió en el mayor vendedor de automóviles de la firma Hudson, que luego se convertiría en AMC (American Motors Company). Y en 1955 cuando yo

Gus entrevista al famoso golfista español Seve Ballesteros, durante un torneo que patrocinó en el Blue Monster de Doral, Florida.

apenas me estaba estableciendo en Hialeah, Jim ya era el mayor distribuidor de automóviles Ford en los Estados Unidos.

Pero para mí lo más importante era que Jim Moran había sido el primer vendedor de carros en tener su propio show publicitario en televisión. Tenía un gran talento natural y un gran carisma para vender automóviles. Fue un gran showman cuya carrera me impactó.

En una ocasión comenté a mi esposa en esa época: "algún día voy a ser como Jim Moran".

Así que el momento llegó sin que yo lo buscara. Tras adquirir Seipp Buick y convertirla en Gus Machado Buick & GM, comencé a pensar la estrategia publicitaria para impulsar las ventas al estilo de Jim Moran.

Para ese momento tenía un director de publicidad que era portorriqueño, mi amigo Gabriel Figueroa. Lo había escogido entre varios que entrevisté para comenzar con la campaña publicitaria del concesionario.

Gabriel me presentó una propuesta de campaña que me gustó, así que lo contraté. Hicimos la campaña como la debíamos hacer, el tiempo que debía durar, la entrada y la salida, y los spots publicitarios para distintas ocasiones.

Un día que estábamos hablando sobre la campaña, Gabriel, que me llegó a conocer muy bien, me preguntó:

"Gus, ¿y por qué usted no hace los anuncios?"

Yo le respondí:

"¿Yo? Si yo no he hecho nunca anuncios en mi vida".

Salimos a cenar para hablar más de la idea, y terminé convencido de que no era una mala propuesta.

Poco después vino la decisión de abrirme paso en el mundo de la televisión, tener mi propios spots publicitarios y utilizar mi carisma como la mejor herramienta de ventas.

Hice el primer anuncio que lo transmitimos por el canal 23 en Miami, que ha siempre ha sido uno de los mejores para la comunidad hispana.

El canal nos daba los spots más baratos durante los fines de semana, así que comencé a comprar para poner los anuncios los fines de semana, y los resultados fueron increíbles.

En el primer año que tuve el concesionario Buick, en el año

Gus Machado durante un evento patrocinado por su empresa, al lado de luminarias como Seve Ballesteros, Tom Kite, Lee Trevino y Fred Couples.

82-83, pasamos de vender $20 millones a $40 millones al año, o sea que gracias a mis avisos publicitarios, logramos duplicar las ventas de automóviles y de servicio.

## Mis primeros pasos en el mundo de la Publicidad

Arrancamos a grabar los primeros spots publicitarios en el propio concesionario, y recuerdo el revuelo que se formó cuando llegaron las cámaras y las luces, y comenzaba a practicar el discurso que debía hacer explicando las bondades de los paquetes de financiamiento, y las características de los nuevos modelos que estaban llegando.

Había decidido seguir la sugerencia de Gabriel pero también mi intuición de vendedor, que nunca me había fallado. Y por supuesto me inspiré en el habilidoso Jim Moran. Lo que no imaginé fue la nueva etapa de mi vida que se abrió, y que me catapultó a la escena pública no sólo en Miami sino eventualmente en el muy competido ámbito automotriz nacional.

Comencé a notar el impacto de mis comerciales cuando mi hija Myra me dijo un día:

"Te has convertido en un hombre famoso, y me siento orgullosa de tí cada vez que apareces por televisión".

En una ocasión Myra me recordó una anécdota que había olvidado. Durante uno de los episodios de grabación, que hicimos en un escenario al aire libre, uno de los productores me hizo la seña de que tenía algo en el hombro.

Cuando traté de mirar, efectivamente tenía algo blanco en mi hombre derecho, una especie de mancha color gris claro. La productora se acercó con una servilleta para limpiarme: ¡me había caído encima la caca de un pájaro que volaba por ahí! Por supuesto, lo tomé como una señal de buena suerte.

Grabábamos no sólo dentro del concesionario sino en diversas locaciones, para darle movimiento y color a los anuncios. A veces lo hacíamos en alguna marina, con yates de fondo. Otras veces grababa simplemente en la calle, frente a un numeroso público de curiosos que se aglomeraban para ver al famoso Gus Machado haciendo su publicidad.

A todas partes adonde iba, restaurantes, supermercados, o simplemente en la calle, la gente me reconocía inmediatamente.

"Gus Machado, qué volá", me decía gente que nunca antes había conocido. "Mira, ahí está Gus Machado, el empresario de Hialeah", escuchaba decir cuando entraba en el restaurant Versalles de mi amigo Felipe Vals.

Había incluso quienes me pedían autógrafos.

No tardé en comprender la importancia de la televisión para los negocios. Y casi en seguida comenzaron a abrirse puertas que, creo yo, de otro modo no se hubiesen abierto.

Los anuncios publicitarios se transmitían por el canal 23, que todavía no era parte de Univisión, sino el único canal en español que operaba en el sur de la Florida.

También hacía versiones para radio y los anuncios en los medios impresos como el Miami Herald y el Diario de las Américas comenzaron a incorporar imágenes mías como parte esencial de los anuncios de automóviles nuevos.

Un nuevo modo de anunciar llegó con la popularización de programas de entretenimiento en la televisión hispana, especialmente en Miami, donde reconocidas figuras del mundo televisivo ensayaban formulas exitosas para atraer la atención de un público masivo y hambriento de nuevas propuestas para entretenerse.

Fue allí cuando conocí a muchas figuras de la televisión local, entre ellas el ya desaparecido Rolando Barral, y a un

Gus Machado al lado de Víctor Benítez y Tico Alonso durante la celebración del 10 Aniversario de la Ford Motor Credit Company, en 1994.

carismático gigantón de acento sureño, que apenas nadie conocía y que venía de ser presentador en la televisión de su país natal, Chile.

## Orange Bowl, Televisión y Paseo Carnaval

Como dije antes, apenas comencé con mi nueva estrategia publicitaria en Gus Machado Buick, comenzaron a llover oportunidades.

La primera de ellas, a mediados de 1982, fue un acuerdo

entre Gus Machado Buick y la organización Kiwanis de la Pequeña Habana, para fundar y patrocinar por primera vez el famoso Carnaval de la Calle Ocho.

Kiwanis era en ese entonces, como lo es ahora, una extensa organización (fundada en 1916) dedicada a recaudar fondos para ayudar a causas benéficas de impacto social relacionada con los niños.

En el sur de la Florida había numerosos capítulos Kiwanis, pero fue el club de la Pequeña Habana, que había sido fundado siete años antes, en 1975, la que me propuso el co-patrocinio del evento, en parte creo yo debido a mi incipiente popularidad como figura empresarial que me trajeron los anuncios televisivos.

El evento en la Pequeña Habana, que finalmente se llamó Paseo Carnaval, fue televisado para disfrute de toda la comunidad. Los organizadores decidieron unánimemente que yo debía ser el Maestro de Ceremonias del evento televisado, y así fue.

Para esa época Miami se había convertido en una capital de la extra-larga comunidad cubana, que había cuadriplicado su población con los más de 120,000 inmigrantes que llegaron a partir de 1980 venidos desde el Puerto de El Mariel, en Cuba, directo a la Florida.

La llegada de los marielitos se produjo en un período de 6 meses -entre abril y octubre de 1980-, todos huyendo de la dictadura castrista, bajo un acuerdo permitido por el entonces gobierno de Jimmy Carter.

Lo cierto es que la llegada de decenas de miles de compatriotas fue un evento de múltiples implicaciones: una nueva presión para la economía local, que se vio inundada de nueva mano de obra y nuevos consumidores que a su vez traían un bagaje cultural distinto.

Para 1982, muchos de estos "marielitos" habían logrado integrarse a su nueva patria, generando por su lado una economía que también había que atender. Ese era uno de los objetivos del proyecto Paseo Carnaval.

Para iniciar el gran evento, había una caravana de carrozas que paseaban por la calle Flagler desde el downtown de Miami y luego llegaba a una tarima que se montaba en la calle 8, cerca del viejo Orange Bowl.

Aquello se llenaba de gente por miles. Mi trabajo era mantener toda esa gente animada con música, presentaciones artísticas con cantantes invitados de renombre. En una ocasión me tocó compartir la tarima con Rocío Jurado, que me ayudó esa vez a hacer el programa.

Como se transmitía por el canal 23, el show tuvo un gran impacto que se reflejó en las ventas de carros. Gracias a esos eventos, nuestros dealerships se convirtieron en número 1 aquí en Miami.

El éxito de Paseo Carnaval me llevó el año siguiente, a idear un nuevo evento que también terminaría siendo un gran éxito.

Se trataba de un programa televisivo de búsqueda y

Gus grabando en el Yate uno de los numerosos spots publicatios que grabó para promover su negocio.

promoción de talento artístico local, para beneficiar a muchos jóvenes que no iban a tener la oportunidad de triunfar en la vida.

Era el tipo de actividades con las que me sentía muy identificado. Siempre he estado convencido de que el trabajo duro y perseverante es la clave del éxito, pero para mucha gente que trabaja simplemente no hay oportunidades suficientes para triunfar en la vida.

Había otra razón por la cual me gustaba la idea de un programa de competencia de talento artístico y musical. Siempre me encantó el baile y la música. Siempre disfruté de las fiestas bailables. Así que la idea de dirigir un programa de talento musical y de baile era sencillamente la mejor de todas.

"Nuestros Talentos" fue el nombre que escogí para el programa, que comenzamos a transmitir primero en forma de clips en televisión, y luego en vivo los sábados por la noche.

Podía aplicar todo el que quisiera, y se formaban largas colas en para entrar a nuestro concesionario de Hialeah, con la gran cantidad de muchachos que querían tener una oportunidad.

Como yo era el conductor del programa, me tocó designar un jurado, todos personalidades de la radio local que eran mis amigos.

El gran escenario del programa era la sala donde en los días de semana se exhibían los carros nuevos del concesionario. Todos los sábados había que sacar los autos al garaje, para montar las decoraciones.

Tuvimos también una serie de invitados especiales en el programa, como los cantantes Willy Chirino y Carlos Oliva.

Había competencias para los mejores bailadores y los mejores intérpretes musicales.

El programa tuvo un resonante éxito cuando dos de los concursantes que había triunfado, de nombre Frank y Zobeida, ganaron la oportunidad de representar a Estados Unidos en el festival de la OTI que se celebró en Sevilla, España, en 1985.

No sólo descubrí en mi programa "Nuestros Talentos" a Frank y Zobeida, sino que los ayudé a producir su primer disco, en la que incluyeron la canción que interpretaron en la OTI, llamada "El canto de mi raza".

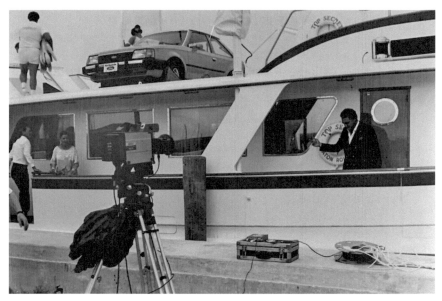

Gus durante la grabación de spots publlicitarios en un yate en la bahía de Biscayne, en junio de 1985.

La iniciativa del programa "Nuestros Talentos" era una diversión que sin embargo, me estaba produciendo buenos réditos en los negocios.

Gracias al incremento en las ventas, sin pensarlo y confiando en mi buena intuición, decidí en 1984 adquirir una nueva sede para un segundo concesionario que se iba a llamar Gus Machado Ford, que desde entonces se convirtió en el buque insignia de mis negocios.

Los siguientes dos años fueron de intensa actividad en lo mejor que había aprendido a hacer: no vender autos, que ya sabía de sobra, sino promover la publicidad, algo que me encantaba a medida que lo hacía.

# Así conocí a Don Francisco

Un día de 1986 se apareció en mi oficina a visitarme la que en aquel momento era la gerente general del canal 23, Mara Rankin, acompañado del hombre gigantón con marcado acento sureño, y otros ejecutivos del canal que venían a proponerme un negocio.

Yo era un anunciante regular en el canal 23, así que tenía una estrecha relación de trabajo con el gerente general de la estación, Joaquín Blaya, otros ejecutivos como Omar Marchant, y el presentador estrella del canal, Rolando Barral.

El gigante sureño no era otro sino el famoso presentador chileno Mario Kreutzberger, mejor conocido como Don Francisco, que acababa de llegar a Miami para montar su show por primera vez en la televisión local, y necesitaba desesperadamente un patrocinante.

Don Francisco ya era muy famoso en Chile con un programa de entretenimiento sabatino que se prolongaba hasta por ocho horas, pero que tenía mucho éxito. Pensaba que traerlo a Miami para una audiencia hispana era una gran idea.

Era un programa de variedades con entrevistas, chistes, sketches y concursos donde la gente ganaba dinero instantáneo por contestar preguntas o podía ganar premios mayores dependiendo de la competencia.

Lo cierto es que después de grabar cuatro programas de "Sábado Gigante", el show no terminaba de arrancar en firme y cautivar a los televidentes, y por eso habían acudido al arriesgado de Gus Machado para patrocinar el programa.

Así que tomé la decisión y para el quinto programa, transmitido en agosto de 1986, el premio grueso ofrecido para los concursantes fue un Buick color amarillo, nuevo de paquete, que tenía un costo de $10,000, cortesía de Gus Machado Buick de Hialeah. A partir de ese momento "Sábado Gigante" comenzó a hacer historia en la televisión de Miami, con el patrocinio de Gus Machado que duró unos dos años.

# 10

# Un Nuevo Estilo Gerencial (1988-1991)

A medida que consolidaba mi carrera empresarial gracias a las poderosas herramientas de la publicidad y las relaciones públicas, desarrollé también otra actividad paralela que se había convertido, como el baile y la música, en una pasión personal.

Como conté antes, le debo mi iniciación en el golf a mi amigo portorriqueño Cándido González, que me enganchó con ese deporte de una manera ingeniosa, proponiéndome el reto de pegarle por primera vez a una pelota de golf.

Fracasé en ese primer intento, pero el fracaso me llevó a la práctica. Y la frecuencia con que visitaba el driving range, que es donde los golfistas acuden para practicar el complicado swing, me hizo un adicto al deporte y un aficionado a las competencias y, desde luego, a los grandes golfistas del momento.

Profundicé en las maravillas del golf gracias a los numerosos campos que funcionan, en algunos casos durante muchas décadas, no sólo en Miami sino en la Florida.

Ahí está para testimoniarlo, por ejemplo, el viejo campo de Miami Springs, que sirvió como sede del famoso Miami Open entre 1924 y 1955, y que reunió luminarias como Sam Snead, Fred Haas, Tommy Armour y Byron Nelson.

Otro campo con prosapia fue y aún continúa siendo el Blue Monster de Doral, establecido en 1961 y que funcionó como la sede del legendario Doral Open entre 1962 y 1969. Este torneo fue posteriormente conocido como el Doral-Eastern Open (1970-1986), el Doral-Ryder Open (1987-2000), el Genuity Championship (2001-2002) y el Ford Championship at Doral (2003-2006), antes de ser renombrado como el WGC-Cadillac Championship entre 2007 y 2016.

Un campo digno de mención es el histórico Crandon Golf Club, ubicado en Key Biscayne. Tanto el Crandon Golf Club como el Blue Monster de Doral tienen una especial significación para mi, porque fue allí donde desarrollé parte de mi etapa como patrocinador de eventos ligados al golf, que me produjo una gran satisfacción.

En 1985, cuando el evento llevaba el nombre de Doral-Eastern Open, patrociné el primer Golf Shoot Out Event, que es una competición corta antes del evento principal, en la cual participan jugadores profesionales con premios que totalizaron $10,000, más $5,000 adicionales que puse para las causas benéficas de la American Cancer Association.

Ceremonia de reapertura de Gus Machado Ford tras una extensa renovación en 2017. De izquierda a derecha, Lydia Machado, Fausto y Remedios Díaz, la ex congresista Ileana Ros-Lehtinen, Gus y Lilliam Machado, y Víctor Benítez.

Participaron diez notables competidores: los legendarios golfistas Seve Ballesteros, Lee Trevino, Tom Kite, el portorriqueño Chi Chi Rodríguez, Fred Couples, Andy Bean, Fuzzy Zoeller, Raymond Floyd y Denis Watson. Al final del shoot out, prevalecieron dos por encima del resto: Ballesteros y Couples.

Al final, el cheque más grande se lo entregué al gran Seve Ballesteros: $2,500. Couples también recibió lo suyo: $1,500 por su actuación. Ballesteros ganó algo adicional: el derecho de conducir durante un año entero un carro último modelo cortesía de Gus Machado Ford. Me consta que lo disfrutó, porque Ballesteros en esa época tenía una propiedad dentro del complejo del Doral Resort, donde estaba ubicado el Blue Monster, y le encantaba las largas temporadas que pasaba en Miami.

La competencia de ese año fue ganada por Mark McCumber, seguido en el segundo lugar por Tom Kite, que había ganado el año anterior. El ganador se llevó una bolsa de $72,000, que era un gran premio para la época.

Al año siguiente, organicé un evento similar durante el Doral Eastern Open 1986, que ganó Andy Bean por tercera vez, estableciendo un récord y ganando en el esfuerzo una bolsa de $90,000.

Después de ambos eventos, quedé enganchado con el ambiente que se respiraba durante los días de competencia golfística, que combinaban verdadera camaradería, competitividad de alto nivel y proyección social y benéfica.

Así que di un paso y me puse en contacto con el PGA Tour (PGA: Professional Golf Association), que maneja todos los torneos y eventos golfísticos dentro y fuera de Estados Unidos, para crear un nuevo torneo: el PGA Tour Senior Golf Classic en Miami, que tendría como escenario el fabuloso campo de Key Biscayne.

Así que en noviembre de 1987 se llevó a cabo el Gus Machado Senior Classic Golf Tournament at Key Biscayne, un evento que reunió figuras del golf nacional y local, en un ambiente de alta factura y asistencia masiva.

Quizá lo más llamativo del evento era la bolsa de premios: un total de $300,000, una cifra llamativa aportada por mis empresas. Y como punto adicional, pero no menos importante: el evento iba a ser transmitido por completo por el canal deportivo ESPN, lo cual significaba un tremendo impacto desde el punto de vista publicitario para la marca Gus Machado Ford.

Gracias a algunos amigos estrechamente vinculados con el mundo de los eventos benéficos y caritativos, logramos que parte de los ingresos del torneo fueran a parar a la American Cancer Society y a United Way, dos organizaciones por las cuales tenía mucho respeto.

El torneo lo ganó el golfista americano Gene Littler, mejor conocido como Gene The Machine, que había ganado el US Open en 1961, y era conocido por su elegante swing para golpear la pelota.

En 1988 tuvo lugar la segunda edición del torneo. Se repitieron la cuantiosa bolsa de premios y la transmisión por ESPN. El triunfo fue para el afroamericano Lee Elder, que tenía el récord de haber sido el primero de su raza en competir en el prestigioso The Master Tournament.

Mi relación con el golf continuó pese a que dejé de ser patrocinante en los siguientes años, en gran medida porque comenzaron a competir corporaciones con más músculo financiero que el nuestro, como la firma de cruceros Royal Caribbean, que se convirtió en el patrocinante del evento que fundé en Crandon por los siguientes 15 años.

Una década más tarde decidí volver por mis fueros con el Gus Machado Classic Charity Golf Tournament, que se mantiene vigente más de veinte años después. Pero esta es una historia que contaré más adelante.

Gus Machado junto a un grupo de estudiantes de la Westland Senior High School, durante una jornada del programa One Drive 4ur School, creado por Ford para contribuir con la educación comunitaria.

## Llega un nuevo socio: Víctor Benítez

Hacia finales de la década, en 1988, la dinámica empresarial y la economía de Miami-Dade me llevó a tomar decisiones más radicales buscando nuevas vías de crecimiento para el negocio.

La economía de Estados Unidos había crecido de forma robusta gracias a las políticas de prudencia fiscal, bajos impuestos y estímulo empresarial dirigidas por el presidente Ronald Reagan, que gobernaba desde 1981.

Pero a Reagan se le acababa el período de gobierno.

Buscaba sucederlo en el cargo George H. W. Bush, que era su vicepresidente, y que buscaba lograr un tercer término para los republicanos en una fórmula con el senador Dan Quayle en las elecciones de noviembre de ese año.

Por cierto conocí personalmente años después al presidente Bush Sr., pero es una anécdota que contaré más adelante.

Después de la visita a Miami del papa Juan Pablo II en noviembre de 1987, el nuevo año de1988 había comenzado con gran agite en el terreno deportivo, que yo observaba con detalle, porque los deportes y la venta de carros se llevan de la mano, como lo había comprobado con el golf.

Los Hurricanes, el equipo de fútbol de la Universidad de Miami, logró un triunfo aplastante contra el equipo de Oklahoma en una memorable jornada en el desaparecido Orange Bowl de Miami, que tuvo resonancia nacional.

Miami estaba en un proceso de crecimiento, luego que la primera generación de exilados cubanos comenzaba a hacer notar su presencia. Busqué adaptar mi estructura gerencial y tras algunos cambios de personal, decidí traer a mi lado a un muy dinámico y joven gerente como mi mano derecha para avanzar en esta nueva etapa.

Mi intuición resultó probadamente confirmada luego que tras meses de pruebas, el gerente Víctor Benítez no sólo se convirtió a principios de 1988 en el segundo a bordo de mi organización empresarial, sino un socio en toda regla.

Había conocido a Víctor a través de un amigo común,

Gus Machado apoyó numerosas iniciatrivas de caridad, entre ellas la
fundación del Hospital de Niños de Miami.

Gregorio Santiesteban, quien estaba en el negocio de venta de autos usados y tenía un lote cerca de nuestro negocio. Tenía una gran amistad con Gregorio porque ambos llevábamos años en el giro automotriz.

Un día le comenté a Gregorio que estaba buscando un nuevo gerente para nuestro concesionario Ford en Hialeah, y le pedí que si tenía algún candidato, que me lo dejara saber.

Fue cuando apareció Víctor, que no era un recién llegado sino un gerente experimentado que llevaba trabajando 8 años con otros empresarios del mismo giro, el conocido Grupo Potamkin, y estaba buscando nuevas oportunidades en el mercado.

Pero Víctor tenía sus propios planes. No quería ser simplemente un empleado, sino que quería formar parte de mi empresa como socio accionario.

Me dijo que así había trabajado en el pasado, y era ese el esquema en el que se sentía cómodo.

"Yo vengo de una relación de trabajo donde yo era parte dueño, la única forma que a mí me interesaría hacer un negocio con usted es que yo sea parte del negocio", me dijo con mucha franqueza.

"Chico, si esa es la manera en que tú has trabajado anteriormente, y evidentemente has sido exitoso, yo estoy dispuesto a hacerlo", le dije a Víctor, a sabiendas de que en una relación de negocios, los socios también asumen riesgos y hacen todo lo posible para lograr el éxito porque trabajan por

Por años, la corporación Ford reconoció el éxito y las causas nobles de Gus Machado, su familia y la empresa automotriz por marcar una diferencia en la vida de las personas con necesidad, como este reconocimiento de 2010.

sus propios intereses también.

Acordamos que un período de prueba prudente serían seis meses antes de cerrar el acuerdo con abogado y notarios. Así fue. A mediados de 1988, Víctor y yo firmamos un acuerdo de participación accionaria en la cual yo era el socio mayoritario y Víctor conservaba una porción más pequeña de las acciones.

El día en que firmamos el acuerdo comenzó una relación que ha perdurado, hasta ahora, entre altas y bajas, más de 30 años. La solidez de esa relación comercial se puso a prueba más rápido de lo que Víctor y yo esperábamos.

## Un gran equipo para impulsar la marca Gus Machado

La tienda Ford de Hialeah, a diferencia de la otra tienda Buick, estaba atravesando momentos difíciles debido a que por razones que no vienen al caso, la persona que estaba a cargo de la gerencia dejó la tienda, y justo en ese momento las cosas comenzaron a marchar mal.

Más tarde Víctor me confesó que una de las razones de su decisión de venirse a trabajar conmigo era mi popularidad en la televisión local. Mis constantes apariciones en la pantalla anunciando con una gran sonrisa nuestros productos Buick y Ford definitivamente constituía un gran impulso de las ventas, y en eso no se equivocaba.

Desde el principio Víctor asumió el trabajo de gerente

Gus Machado y Víctor Benítez durante una jornada de atención a los clientes a través del programa One Drive 4 Ur School, para ayudar a la educación en la comunidad, creado por Ford Motor Company.

general y al mismo tiempo vicepresidente del grupo, y su tarea era prácticamente supervisor todos los departamentos procurando su correcto funcionamiento.

Víctor se unió a un equipo de trabajo en el que también participaba el recordado George Koennig, y al que se agregó un año más tarde Ana Arisso, una persona que ha sido mi leal y eficaz secretaria por más de 30 años.

En ese entonces nuestra tienda Gus Machado Ford tenía cinco departamentos: el departamento de carros nuevos, el de carros usados; el departamento de servicios, el departamento de partes y reparaciones (bodyshop), y finalmente el departamento de contabilidad, que era como el sistema nervioso central, donde se filtraban todas las operaciones.

Cada departamento contaba con su propio gerente y un gerente subalterno que reportaban a la Vicepresidencia y luego directamente a mí.

Establecimos la disciplina de sentarnos todos los días para hablar sobre las operaciones y evaluar cada detalle de cómo podíamos mejorar el negocio. Era una evaluación de las actividades día a día que yo atendía con mucha atención, aunque Víctor se hacía cargo de todas las operaciones diarias.

La forma profesional como Víctor comenzó a dirigir los departamentos me produjo la confianza suficiente como para poder volcarme a la parte del negocio que más me gustaba: la publicidad y las relaciones públicas.

Aunque hasta ese momento yo estaba fundamentalmente a

cargo de toda la estrategia publicitaria, Víctor se incorporó de inmediato sugiriendo ideas no sólo para impulsar ventas en el concesionario Ford, sino también en el Buick.

Víctor se vinculó a la estrategia publicitaria en gran parte porque venía de un grupo automotriz que era bastante agresivo en publicidad, lo cual era lo que nosotros necesitábamos.

En ese entonces, como ahora, pienso que hacíamos un gran equipo: mi persona, Gus Machado, imagen y rostro del negocio; y Víctor, cuidando los detalles operativos tras bastidores, al lado de George y Ana.

Ese año las cosas se organizaron en la tienda y recuperamos el flujo de ventas al que estábamos acostumbrados.

El siguiente año, 1989, fue también un buen año. Los republicanos ganaron las elecciones de noviembre de 1988 por tercera vez, en esta ocasión al mando de George W. H. Bush, y la política fiscal de Reagan continuó prácticamente ininterrumpida.

Ese año había comenzado con una mezcla de euforia y violencia. Por un lado, el equipo de futbol local, los Miami Hurricanes, obtuvieron un triunfo contundente en el Orange Bowl por tercera vez. Pero las tensiones raciales se desataron debido a un tiroteo en Overtown, que se extendió a Liberty City, dos enclaves de la población afroamericana local.

Gracias a Dios, los saqueos que siguieron a la confrontación no afectaron las ventas de nuestros concesionarios.

Una etapa más difícil llegó de forma inesperada a finales de la década, que se prolongó hasta el inicio de la siguiente, gracias a una serie de acontecimientos cuyas causas estaban mucho más allá de nuestro control.

## Sobreviviendo a un huracán
## y una guerra internacional

En 1989, el emporio de Gus Machado incluía las tiendas de Ford y Buick en Hialeah, que producían el grueso de las ganancias anuales, y una operación de alquiler de vehículos en Puerto Rico bajo la franquicia de Budget.

Pero dos factores modificaron por completo esa estructura corporativa que tantos beneficios había generado.

El primero de los factores fue un fenómeno climático que causó severos destrozos en Puerto Rico y otras islas del Caribe. Se trataba del huracán Hugo, una tormenta que alcanzó la máxima capacidad destructiva (categoría 5) que un fenómeno de este tipo puede alcanzar.

El huracán se formó el 10 de septiembre y una semana más tarde, golpeó la isla con una ferocidad inusitada con vientos moviéndose a una velocidad superior a las 160 millas por hora, causando extensos apagones y dejando sin hogar a cerca de 28 mil personas, con 8 residentes fallecidos a causa de la tormenta.

Los destrozos a la infraestructura de la isla fueron cuantiosos. Según estimaciones oficiales, Hugo produjo pérdidas cercanas a los $1,000 millones en daños a la propiedad y cultivos.

Gus Machado y su esposa Liliam fueron grandes contribuyentes a las iniciativas de la American Cancer Society durante muchos años.

Los vientos huracanados de Hugo no llegaron a Miami (terminarían llegando a las costas de Carolina del Sur, antes de disiparse el 25 de septiembre), pero los reportes sobre daños y pérdidas se hicieron sentir en nuestras oficinas, generando preocupación sobre el estado de nuestros activos.

De acuerdo a los inventarios, nuestra empresa de alquiler de vehículos Budget contaba con una flotilla de 1,200 automóviles. Pero el problema no estaba en el estado de ese inventario, que se encontraba a salvo y no sufrió mayores daños. La preocupación fundamental era sobre el futuro económico inmediato de una isla sacudida en sus cimientos por un huracán de categoría 5.

Efectivamente, como lo habíamos previsto, el desastre de la tormenta redujo la actividad económica en la isla, particularmente el turismo, prácticamente a cero. Los siguientes meses de 1989 y los primeros de 1990 fueron depresivos para el negocio.

Para ese entonces no iban ni 50 turistas a la semana a Puerto Rico, lo cual impactó severamente nuestras operaciones en la isla.

Fue necesario tomar un decisión: vender el negocio al mejor postor para cubrir las pérdidas y las deudas que aún había pendientes. Gracias a Dios, se cubrió todo lo adeudado, cada dólar que se debía.

Di el paso tras mucho pensarlo y con mucho pesar porque había hecho negocios en Puerto Rico desde fines de la década de los 60 y me había ido muy bien. Además que había cosechado importantes y duraderas amistades. Pero en los negocios no están permitidas las pérdidas y no tenía sentido continuar con aquella aventura empresarial que había sido golpeada, duramente, por los vientos que quedaron de la temporada post-huracán.

Concentrado ahora en las dos operaciones de Ford y Buick,

Gus Machado durante un evento de la industria automovilística en Detroit, Michigan.

no pasó mucho tiempo cuando nos impactó un nuevo evento que nadie había previsto en lo más mínimo.

A principios de agosto de 1990, un conflicto bélico que se produjo a miles de millas de distancia, en el Medio Oriente, tuvo un impacto que se sintió bien fuerte en todas partes, con consecuencias que afectaron muchos negocios, incluyendo el nuestro en Hialeah.

Se trataba de la invasión a Kuwait ordenada por el entonces dictador de Irak, Saddam Hussein. En ese agosto miles de soldados iraquíes entraron a territorio kuwaití, un país con una de las mayores reservas petroleras del mundo.

Por la razón que haya sido, la iniciativa de Hussein desató una fuerte reacción internacional: una coalición de 34 países liderada por Estados Unidos fue organizada para llevar a cabo una guerra que comenzó, en enero de 1991, con el famoso bombardeo aéreo y naval contra posiciones iraquíes en Bagdad, la capital, y en zonas de Kuwait bajo control de las tropas de Hussein.

Fue en verdad un espectáculo de luces que todo el mundo vio gracias a la transmisión de CNN del evento en vivo, algo nunca antes visto.

Después del fiasco de Puerto Rico, las ventas estaban recuperando su ritmo. Para tener una idea, en diciembre de 1990, un mes antes del bombardeo, habíamos logrado vender 380 unidades en la Ford de Hialeah, una cifra muy respetable para un dealer en Miami.

Pero cuando Estados Unidos se lanzó a la guerra junto a sus aliados, prácticamente la atención y mucho de los recursos se orientaron al conflicto bélico, afectando la economía local, incluyendo los concesionarios de carros.

De las 380 unidades vendidas en diciembre de 1990, pasamos a vender apenas 90 unidades en enero de 1991, cuando arrancaron los bombardeos aéreos y navales, que se prolongaron durante todo ese mes.

Parecía que todo el mundo se había detenido, no se sabía si era la Guerra del fin del mundo, porque el dictador Hussein había prometido "la madre de todas las batallas", incluyendo posibles ataques en suelo americano.

Nada de eso se produjo, pero en aquel entonces la preocupación estaba en la mente de todo el mundo, sobre todo porque ya había pasado mucho tiempo desde que Estados Unidos se había inmiscuido en una guerra internacional como la Guerra del Golfo Pérsico, como terminó llamándose el conflicto.

La guerra terminó formalmente a fines de febrero de 1991 con la invasión terrestre a Irak. Pero las consecuencias económicas fueron devastadoras para muchos negocios en Miami.

Muchos bancos como el CenTrust y el South East cerraron sus puertas en Miami, obligados por la mala situación económica. Otras empresas, como la Spanish Broadcasting Systems (SBS), que controlaba importantes emisoras de radio en español, se fueron a la bancarrota.

La razón era que muchos de estos negocios tenían préstamos con instituciones financieras que habían sido, por razones que no vale la pena discutir, intervenidas por el gobierno. Y debido a los requerimientos de la guerra, estas instituciones estaban demandando el pago de los préstamos en un momento en que muchos negocios no tenían el dinero disponible.

Así que la decisión de muchas empresas endeudadas fue buscar protección declarándose en bancarrota. Si no hubiese ocurrido esa emergencia, las dificultades hubiesen sido fácilmente superables. Pero este no era el caso.

Nuestra situación era complicada. Teníamos dos hipotecas con AmeriFirst, y como habíamos dejado de pagar varios meses por las dificultades en el negocio, las hipotecas fueron puestas en foreclosure.

AmeriFirst era una de estas firmas que habían sido intervenidas por el gobierno, y estaba reclamando los pagos. Si no había una salida viable, el banco estaba listo para confiscarme las dos tiendas sin más.

La situación era tan difícil que nos vimos obligados a tomar otra decisión radical: vender el concesionario Buick, cuyo terreno era propio. Con esa venta, que se hizo a la cadena Home Depot, cubrimos la deuda pendiente con GMC, la financiera de Buick, y cerramos esa tienda.

Para cubrir la deuda pendiente en Gus Machado Ford, de $5 millones, tuve la suerte y la habilidad de lograr un préstamo de Ford Motor Credit Corp., por $4.6 millones, para evitar el foreclosure o cierre de la tienda Ford, por parte de AmeriFirst, que ya había entablado una demanda en las cortes de Miami.

Si no hubiese sido por ese vital préstamo de Ford, no sé qué hubiese pasado.

Al final de la jornada, en agosto de 1991, logramos salir ilesos y continuar, aunque mermados, con las operaciones de Gus Machado Ford.

Como lo decía Víctor con claridad meridiana: "En ningún momento nos fuimos a bancarrota, en ningún momento se desfalcó a nadie. Gus Machado cumplió con todas sus obligaciones y pagó hasta el último centavo".

En esa ocasión declaré al Miami Herald que el acuerdo de pago "me mantendrá en el negocio, y espero que sea por el resto de mi vida". No me equivoqué cuando hice este pronóstico.

# 11

# Retos corporativos (1992-2001)

Lo que un huracán y una guerra internacional lograron hacer en nuestra organización empresarial, afectando severamente las finanzas y lanzándonos al borde del precipicio, otro desastre paradójicamente lo trajo a la vida, con consecuencias que se prolongaron por varios años.

Hasta principios de la década de los 90s habíamos atravesado las vicisitudes de una poderosa tormenta que acabó con el negocio que teníamos de alquiler de vehículos en Puerto Rico. Y cuando menos pensamos estalló el conflicto bélico en el Golfo Pérsico que nos puso al borde de la quiebra a mí y a muchos otros empresarios de Miami.

Negocios que habían prosperado durante décadas, se vieron de pronto empujados al cierre, abrumados por deudas que había que pagar repentinamente. Muchos que no tenían la capacidad financiera, y no les quedó más remedio que cerrar.

En nuestro caso el golpe fue tan severo que además del préstamo que aseguré con Ford, me vi obligado incluso a poner bajo hipoteca una propiedad que había adquirido en el exclusivo Indian Creek Country Club, una comunidad privada en la zona de Miami Beach, donde tenía prominentes vecinos como Don Francisco, Julio Iglesias, y mis queridos amigos Don Shula y su esposa Mary Ann.

Poco más de un año después de la fatídica Guerra del Golfo, Miami fue el escenario de un nuevo evento catastrófico, que sacudió hasta los cimientos amplias zonas del sur de la Florida, como no había ocurrido en muchas décadas.

El evento, como toda tragedia, nos tomó por sorpresa porque no había manera de predecir ni el fenómeno meteorológico ni su impacto. Pero tampoco había forma de anticipar el efecto que tendría en nuestras operaciones corporativas.

## Un nuevo huracán revive el negocio

El Huracán Andrew pegó con vientos catastróficos el 24 de agosto de 1992, primero en Elliot Key y luego en el sur de Miami, con una intensidad de vientos categoría 5, de más de 155 millas por hora. El paso del gigantesco huracán fue de unas pocas horas, pero la devastación que dejó a su paso fue monumental y sin precedentes, y se prolongó por meses.

En Hialeah la tormenta se sintió con menos intensidad debido a que el ojo del huracán estuvo al sur, en el corazón de

Gus Machado recibe el reconocimiento de James Murphy, organizador del evento 12 Buenos Hombres, con el respaldo de Ronald Mcdonald House Charities, que premia el trabajo caritativo de líderes empresariales del sur de la Florida.

la ciudad de Homestead, pero el diluvio que desató provocó daños por todas partes.

Las violentas ráfagas y luego las inundaciones afectaron repartos completos a lo largo del condado de Miami-Dade. Los daños fueron más extensos que los que provocó el huracán Hugo en Puerto Rico.

Pero a diferencia de Hugo, la desolación del huracán Andrew afectó no sólo miles de hogares, que quedaron sin techo o con serios daños estructurales, sino que tiró a pérdida miles de vehículos por todo el condado, muchos de los cuales quedaron literalmente cubiertos de agua hasta el techo.

Gus y Lilliam Machado durante el reconocimiento entre las 12 personas de 2013 destadas por su dedicación a la comunidad y a las causas caritativas, por parte de Ronald Mc Donald House Charities.

No había sido sólo los vehículos. Andrew causó fuertes pérdidas humanas y estructurales en toda la Florida que sumaron 44 fallecidos y la increíble cifra de $25,000 millones en daños económicos.

Pero el daño a la flota vehicular en el condado era lo que comenzamos a monitorear de cerca.

En una ciudad como Miami, con un limitado acceso a las rutas del transporte público, y con un sistema de Metro de alcance restringido, el vehículo es una herramienta indispensable tanto para el trabajo como para la simple movilización por razones de salud o entretenimiento.

Así que durante los días que siguieron al paso del huracán Andrew, comenzamos a recibir reportes de los centenares de vehículos que se habían dañado durante la tormenta.

El huracán vendría a cambiar muchas cosas en el condado Miami-Dade, principalmente en los códigos de construcción pero también en la seguridad de las líneas eléctricas, las cadenas de suministro de ayuda de emergencia y los planes de evacuación.

Nadie estaba preparado para lo que vendría más tarde. Nosotros no teníamos ni la más remota idea de la demanda de vehículos que se iba a producir pocas semanas después del huracán.

La cifras de ventas subieron a un nivel sin precedentes.

En septiembre de 1992, apenas un mes después de Andrew, Gus Machado Ford vendió 560 unidades, cuando normalmente vendíamos 350.

Se vendía de todo: sedanes, trucks, vehículos de bajo consumo de gasolina, y de alto consumo también.

A partir de ese momento comenzamos a subir y subir, y las ventas no pararon de dispararse durante esos últimos meses del año, sino que continuaron imparables durante todo 1993 y todo 1994.

En atención a las familias que habían sufrido importantes pérdidas económicas, creamos programas para facilitar el financiamiento, a fin de que la gente tuviera el chance de reponer el vehículo perdido durante la tormenta.

Poco a poco comenzamos a escalar a la altura de los dealers con más ventas en la región, lo cual, como era de esperar, nos puso por delante nuevos retos corporativos.

Entre los años 1992 y 1995, terminamos siendo uno de los primeros concesionarios de Ford en todo los Estados Unidos, una gran distinción tomando en cuenta que habían más de 4,200 dealers en toda la nación.

## Dos grandes y poderosos aliados

Ya para esa época la marca Gus Machado estaba sólidamente establecida. Los eventos públicos a los que asistía me habían granjeado una posición relevante en la comunidad. Nunca me ha gustado presumir, pero no puedo negar que soy una persona muy sociable, con muchas relaciones, y eso era una parte de mi trabajo que me encantaba hacer.

Recuerdo lo que me contaba mi secretaria de muchos años, Ana Arisso, que llegó muy joven a fines de los 80s a trabajar a mi oficina, sobre lo que dijo su abuela cuando supo que ella iba a ser empleada de Gus Machado Ford.

"Ay, niña pero qué excelente que vas a trabajar con el artista Gus Machado. El sale en todos los programas de televisión y es muy famoso".

Ana era por cierto la persona que llevaba mi complicada agenda, que podía incluir en un día cualquiera, visitas

Durante la premiación 12 Good Men Award, de la Ronald McDonald House Charities, en marzo de 2013. Acompañan a Gus Víctor Benítez, gerente de Ford Machado Ford, Ana Arisso, Lydia Machado, Myra Dewhurst y Gigi, hija de Lilliam Machado.

de ejecutivos de Ford, líderes locales, y personalidades o directivos de televisión; o reuniones sobre cómo mejorar la relación con el cliente, con vendedores y empleados, hasta bien entrada la noche.

Entre las personalidades con quien establecí una sólida relación estuvo el recordado y muy reconocido editor Alvah Chapman, que presidió por décadas la cadena de periódicos Knight-Ridder y fue el CEO de The Miami Herald desde la década de los 60s.

Nos conocimos en muchos de los eventos en los cuales coincidíamos. Luego estrechamos la amistad porque compartíamos la misma pasión por el golf, que él practicaba tan frecuentemente como su salud se lo permitía.

Puedo decir que aprendí mucho de Alvah como de ningún otro hombre de negocios y de medios.

Fue un hombre que surgió de una familia de editores de periódicos de Columbus, Georgia, y ofició durante casi 30 años como presidente del grupo editorial Knight Ridder, cuyo periódico bandera era The Miami Herald.

Lo conocí precisamente cuando era una figura frecuente en los más importantes eventos corporativos y sociales de Miami.

Una de las facetas para mi más admirables de Chapman era su dedicación filantrópica. Jugó un papel crucial para ayudar a reconstruir la parte del sur del condado de Miami-Dade más golpeada por el huracán Andrew, y formó parte de toda clase de esfuerzos culturales y ciudadanos.

Presidió la Orquesta Filarmónica de la Florida como su principal promotor; fue miembro de la Coalición de Miami para una Comunidad Libre de Drogas, las Industrias Goodwill del sur de la Florida, la Cámara de Comercio del Gran Miami, y Ciudadanos de Miami contra el Crimen, entre otras iniciativas.

Creó Chapman Partnership, la organización en Miami dedicada como ninguna otra a prestar ayuda a las personas sin hogar a lo largo de 25 años, y a cuyas galas anuales asistimos en varias ocasiones.

En 2001, ayudó a establecer con un importante donativo la Escuela de Negocios Alvah H. Chapman Jr, en la Universidad

Internacional de la Florida, una idea que yo mismo tomaría prestada década y media más tarde.

Como ocurre con muchas de las personas con quien establecí estrecha amistad, compartí muchas jornadas de 18 hoyos con Alvah, que era un ávido golfista igual que yo.

Además del golf, coincidimos en el gusto por las historias inspiradas en la palabra de Dios.

En cierta ocasión, Alvah me obsequió un ejemplar de un librito que él recibía como suscripción mensual, con historias basadas en mensajes bíblicos. El librito era en realidad un devocional espiritual llamado The Upper Room (La Habitación de Arriba). Inmediatamente ordené varias subscripciones no sólo para mí, sino para mis hijos y hasta para los empleados más cercanos en Gus Machado Ford. La subscripción la mantuve por muchos años, y me sirvió de inspiración en momentos difíciles gracias a Alvah.

Otra personalidad que escogió, como yo mismo, a Miami como su nuevo hogar, y donde encontró el éxito en grande, fue mi recordado amigo Don Shula.

El gran coach de fútbol americano, una figura histórica en el deporte, dejó una fuerte huella en su paso por nuestra comunidad del Sur de la Florida.

No sólo fue el primer coach en llevar a su equipo a seis Super Bowl, cinco de ellos con el equipo de los Dolphins; ha sido el único en lograr una temporada perfecta en la historia de la NFL, en 1972, en la que ganó su primer Super Bowl.

Gus Machado entrega a su amigo Don Shula el premio del Gus Machado Golf Classic Humanitarian Award, en 2015, con la presecia de Mary Ann Shula y Lilliam Machado.

La lista de logros deportivos de Don es interminable. Sólo quiero enfatizar mi admiración por su trayectoria, que conocí muy de cerca durante la época que fuimos vecinos en Indian Creek, donde él y su amable esposa Mary Anne residieron por años.

Compartimos innumerables eventos caritativos y sociales, donde Don mostraba sus dotes de influyente personalidad.

Igual que Alvah y que yo, Don estaba particularmente interesado tanto en el golf como en la fe cristiana.

En su juventud había querido convertirse en sacerdote católico, pero desistió luego que entendió que el sacerdocio no le iba a dejar tiempo para desarrollar su otra pasión, el fútbol americano, primero como jugador y luego como exitoso coach.

Don Shula desarrolló un estilo personal de hacer negocios tras retirarse como coach, cuyo legado aún se mantiene activo gracias al esfuerzo de sus hijos. Pero no fue un extraño a las causas benéficas, donando dinero para la investigación para la lucha contra el cáncer.

Alvah y Don son el ejemplo de lo que era el liderazgo comunitario que también influyó mi propia carrera como hombre de negocios, personalidad influyente y promotor de causas benéficas.

## Así conocí a tres presidentes de Estados Unidos

El resurgimiento de Gus Machado Ford luego de la etapa de dificultades financieras, trajo buenas noticias. Nuestro éxito en las ventas se convirtió en importantes reconocimientos a escala nacional.

El primero de los reconocimientos llegó a fines de 1992, cuando fuimos el dealer número uno en el sur de la Florida. El premio se repitió en 1993, 1994, 1995 y 1996, que fue la cúspide de nuestro éxito en el giro.

En 1994 y 1995 fuimos incluidos en la lista de los 100 concesionarios de Ford en Estados Unidos con las ventas más

Gus Machado fue un pionero en el uso de la tecnología de comunicación para promover sus negocios.

altas, un reconocimiento destacado tomando en cuenta que había más de 4,200 dealers a nivel nacional.

El reconocimiento no sólo era una placa con el nombre de Gus Machado Ford, sino también un viaje con los gastos pagos a una convención de vendedores de automóviles.

En 1995 la convención tuvo lugar en San Diego, California. Allí asistió el selecto grupo de los 100 más grandes vendedores de vehículos Ford del país, un grupo del cual resultaba un privilegio pertenecer.

La convención era una ocasión para compartir, hacer relaciones y disfrutar un merecido descanso durante un fin de semana largo. También incluía, para mi deleite, una partida en un espléndido campo de golf de los muchos que existen en la ciudad.

Fue en ese escenario en que tuve la fortuna de conocer a otra gran personalidad, el invitado especial del evento, que además tenía una debilidad por el golf.

Estaba en el locker preparándome para comenzar la jornada golfística an un club de golf en Las Vegas junto al resto de los colegas aficionados, en la mañana del viernes de ese fin de semana, cuando tuve la sorpresa de divisar a una figura muy conocida en ese momento: el ex presidente George W. H. Bush. No podía ser otro, pensé, y me atreví a abordarlo.

Me sentía en confianza porque conocía personalmente a uno de los hijos del presidente, Jeb, que el año anterior se había lanzado de candidato para la gobernación de la Florida. Aunque no ganó, desde la comunidad cubana de Miami le prestamos todo el apoyo posible.

"Mr. President", le dije sin más preámbulos, en inglés. "Soy muy amigo de su hijo Jeb. Soy Gus Machado, de Gus Machado Ford en Haileah".

No esperaba que el mandatario me reconociera, pero de todas formas le hice saber quién era, y me puse a su orden si llegaba a visitarnos en Florida.

El presidente Bush, con su típico carisma, me saludó de

Gus Machado fue también un pionero de las alianzas con deportistas profesionales del Football y el Golf, com herramienta para promover sus negocios.

forma efusiva y durante los siguientes 5 minutos, sostuvimos una converción de lo más agradable y atenta. De ahí salimos al campo darle a la pelota. Yo salí muy complacido de haber compartido ese momento con un personaje histórico de ese calibre.

Al día siguiente, nos reunimos todos los invitados en un gran salón para la cena de gala, en la que iba a estar como orador principal, justamente el presidente Bush.

Después de una gran exposición, llegó el momento de preguntas y respuestas, como es natural en este tipo de eventos.

Las primeras preguntas se refirieron a la situación económica en ese momento, los efectos de las políticas demócratas de Bill

Gus y Lilliam Machado durante un partido de beisbol de los Dolphins de Miami.

Clinton, entre otros temas.

Fue cuando me decidí a tomar el micrófono para formular, desde el fondo del salón, mi pregunta en inglés:

"¿Mr President, que piensa usted que va a ser la situación con Cuba después que Fidel Castro muera?"

El presidente Bush se queda unos segundos pensativo, sin responder, tratando de divisar a la persona que estaba haciendo la pregunta, que era yo.

"Conozco ese acento latino", atinó a decir. "¿Eres tú, Gus?"

Muchos de los presentes que me conocían, se echaron a reír.

Otros se sorprendieron de que en apenas dos días, ya era una persona conocida para el ex presidente Bush.

"Coño, Gus", me dijo un colega que conocía de otros eventos. "No sabía que tu conocías al presidente Bush".

George H. W. Bush no fue el único presidente que conocí personalmente. Tuve la fortuna de conocer a otros grandes presidentes norteamericanos en sus retiros.

Al gran mandatario Ronald Reagan lo conocí durante un evento en el que tuve ocasión de estrecharle la mano. Reagan es quizá uno de los presidentes estadounidenses que más he admirado por su papel en la caída del Comunismo internacional.

Tuve también la fortuna de saludar y estrechar la mano de otro gran presidente, Gerald Ford, que había sucedido a Richard Nixon tras su salida abrupta del poder, y había gobernado Estados Unidos en medio de grandes dificultades.

## La importancia de la sensibilidad social

Desde mi llegada a Hialeah en 1956, cuando comencé propiamente mi carrera como empresario, luché con toda mi fuerza para lograr el éxito, crecer, expandirme y consolidarme en el negocio que había aprendido, que me gustaba, y que me reportaba al mismo tiempo satisfacción y oportunidades.

Pero al lado de mi búsqueda del éxito empresarial, al cual dediqué incontables horas de trabajo, surgió también, paralelamente, otra necesidad que se convirtió en algo imperioso: la necesidad de dar, de contribuir, de ofrecer oportunidades a los menos afortunados.

Fue el momento en que surgieron iniciativas como "Nuestros Talentos", para promover a jóvenes que no tenían la oportunidad de surgir en el competido mundo artístico.

Luego vino el Campeonato de Golf para golfistas seniors en Key Biscayne, que ayudó los programas de la Sociedad Americana contra el Cáncer.

Constantemente teníamos programas de donación de útiles escolares para ayudar a residentes de escasos recursos en Hialeah.

Luego vendrían iniciativas más ambiciosas.

Tratando de unir mi gusto por ayudar, con mi pasión por el golf y los contactos que había desarrollado hasta ese momento, en 1998, fundé el Gus Machado Classic Charity Tournament, en beneficio de la Sociedad contra el Cáncer.

No sólo era disfrutar de una jornada de sano disfrute del golf y de encuentro con los amigos, sino también un gran esfuerzo para recolectar fondos. El éxito del evento, que se mantiene activo aún en 2021, ha sido tan resonante como mis esfuerzos para vender automóviles durante más de seis décadas.

Mis esfuerzos en este mundo me trajo, por casualidad o por arte de magia, nuevas relaciones que enriquecieron mi vida como nunca antes. Una de estas relaciones, la más especial, me abrió un nuevo e insospechado mundo que me hizo entender más a fondo el verdadero sentido de la vida.

En el centro de ese universo: una mujer muy especial que, sin proponérselo, cambió mi vida para mejor.

# 12

# Mi vida con Lilliam (2001)

M i relación con Lilliam comenzó de una manera fortuita. Me encontraba en Texas a principios de los 2000 en una convención donde participaba como miembro de la Cámara de Comercio Latina (Camacol), a la cual pertenecía desde hacía muchos años.

Era la época en la que George W. Bush era todavía gobernador de Texas.

Me encontraba con una delegación presidida por mi amigo y compatriota William Alexander, a quien conocía desde la década de los 70. Había participado en la invasión de Bahía de Cochinos en Cuba y había sido uno de los pilotos pioneros de los primeros vuelos de Eastern Airlines entre Miami y América Latina, antes de convertirse en un empresario y gremialista de primer nivel.

Yo llevaba ya un tiempo soltero, dos años para ser exactos, y no había querido comprometerme después de dos largos matrimonios que terminaron en la separación.

En esa convención texana se encontraban también mis queridos amigos Fausto y Remedios Díaz Oliver, que me saludaron con gran efusividad cuando nos encontramos en el lobby del hotel.

"Gus, qué gusto verte, cómo has estado", me preguntó Remedios.

Yo les conté la verdad sobre lo que estaba pasando en mi vida.

"Pues estoy muy bien, me divorcié hace dos años, pero estoy dedicado a mis empresas".

No lo supe en ese momento, pero luego me enteré que tras esa conversación, ambos llegaron a la conclusión de que ya llevaba demasiado tiempo solo y que no era bueno para mí.

Tomaron por su cuenta una iniciativa que iba a tener un gran impacto en mi futuro: buscarme una compañera de vida.

Sin yo saberlo, apenas retornamos a Miami, Remedios se puso de acuerdo con William Alexander y entre ambos organizaron una "cita a ciegas" con una persona con quien, según ellos, iba a entenderme de maravilla.

"Es una persona que te va a encantar", me dijo Remedios un día. "Ya organizamos la cita a ciegas. La fiesta es este sábado. Te esperamos sin falta", me hizo comprometer.

"Lo que tu digas, Remedios", le dije sin ponerle demasiado interés, y olvidé el asunto.

Cuando llegó el día, salí un tanto intrigado a la fiesta, pero

Gus y Lilliam Machado la noche de su boda en Las Vegas,
el 26 de abril de 2011.

sin mucho estrés, porque estaba dispuesto a disfrutar de la velada, tomar unos tragos, bailar y pasarla bien, sin pensar mucho en la cita.

En ese momento la palabra compromiso no estaba en mi vocabulario. Quería simplemente seguir disfrutando de mi estatus de soltero.

Llegué a la fiesta y me senté en una mesa esperando ver a mis amigos. Enseguida llegó Fausto, que me abordó de inmediato.

"Epa Machado, ¿y tú aquí? ¿Estás solo?"

"Hola Fausto, aquí estoy, supuestamente vine a un blind date pero no la he visto todavía".

Era bastante obvio que Fausto no estaba al tanto de lo que habían planeado Remedios y William.

"¿Y cómo se llama esa persona con quien vas a tener esa cita esta noche?", me preguntó Fausto.

"Es una muchacha que me van a presentar, que se llama Lilliam Martínez".

"¿Lilliam Martínez?", dijo Fausto mostrando sorpresa.

De inmediato me tomó del brazo y me dijo:

"Ven acá para que te tomes un trago conmigo". Me llevó a la barra y me sirvió un escocés, y pasándome su brazo por mi hombro, me confió:

"Gus Machado, yo te conozco a tí y te tengo mucho aprecio, pero no hay nada en el mundo que me diera más alegría que verte casado con Lilliam Martínez".

No tardé en reaccionar:

Gus y Lilliam representaron una de las parejas más influyentes en el mundo de la filantropía y los negeocios en el Sur de la Florida, una relación que se prolongó por más de 20 años.

"¡No conozco a esa muchacha y ya tú me estás casando con ella!", le dije a Fausto.

Fausto sonrió, me tomó otra vez del brazo y me llevó a la mesa donde él estaba sentado junto a Remedios y otros invitados. Allí estaba en sentada la muchacha que esperaba conocer esa noche, la famosa Lilliam.

"Gus, te presento a mi querida amiga Lilliam", dijo Remedios con un gesto de satisfacción y una sonrisa pícara.

"Mucho gusto en conocerle", le dije a Lilliam con una sonrisa, extendiéndole mi mano por sobre la mesa.

A Fausto se le escapó decir: "Y tú, Remedios, que veníamos juntos en el carro con Lilliam y no me dijiste nada de esta cita a ciegas".

Todos nos reímos.

Poco tiempo después caí en cuenta que Remedios no se equivocaba en su intuición. Porque Lilliam y yo no nos separamos durante toda la velada. Conversamos de todo y bailamos toda la noche. Me pareció que hubiese estado bailando con ella toda la vida.

Me gustó mucho el mutuo entendimiento, la connaturalidad con que nos tratamos, y que no sentía presión de ningún tipo. Sobre todo porque yo no tenía absolutamente ninguna prisa por volver a enredarme con nadie.

Estaba claro que ambos nos habíamos divorciado recientemente de nuestra parejas. Y cada quien tenía su familia, sus negocios, su vida hecha. Y eso era lo yo quería.

Luego me enteré que Lilliam sabía quién era yo, desde luego, por mis apariciones en televisión; pero quedó sorprendida porque esperaba encontrar un hombre distinto al que se encontró.

"No eras el Gus que tenía en mente", me reveló Lilliam después. No sólo le parecí una persona muy agradable para su gusto, que es muy exigente; sino que le sorprendió lo bien que yo bailaba y lo que me gustaba cantar, porque a ella le gustaban exactamente esas mismas dos cosas.

Lilliam y Gus Machado con su gran amigo el legendario miembro del Salón de la Fama de la NFL, jugador y coach de fútbol Don Shula.

# Los "peligros" del amor

Cuando terminó la fiesta yo sabía que el "peligro" del romance había comenzado. Ella me dijo:

"Qué bueno que encontré alguien a quien también le gusta bailar como yo".

Pero para ser franco, al día siguiente después de la fiesta volví a mi rutina de soltero y de trabajo, y no volví a pensar más en la cita a ciegas. Todo aquello me olía a enamoramiento, y por lo tanto, a un "peligro" del que había que alejarse.

Dos semanas más tarde, William Alexander me invitó a un nuevo evento de Camacol, esta vez un coctel informal para conocer nuevos miembros de la cámara. Cuando llegué al sitio, que estaba muy concurrido, me encontré con una escena que no me esperaba.

Al lado del podio, sobre una tarima, estaba un guitarrista en plena acción. Y con un micrófono en la mano, ahí estaba mi querida Lilliam, cantando boleros con una voz que me impactó.

Cuando terminó de cantar, me acerqué a donde ella estaba a saludarla. Luego del coctel, la invité a cenar y de allí nos fuimos a bailar. Lilliam se mostraba encantadora y amable conmigo. Otra velada extraordinaria.

El siguiente fin de semana volvimos a salir, y ya en esa ocasión ella me encaró y me dijo con mucha franqueza cómo se sentía.

"Ven acá: ¿cómo es que tú no me llamaste después de aquella vez en que nos conocimos en la cita a ciegas, ni siquiera para

Gus y Liliam Machado fueron durante décadas una de las más destacadas parejas del sur de la Florida, por su activa participación en causas benéficas.

darme las gracias? Porque yo sé que la pasaste bien conmigo".

Con una sonrisa, le respondí en el acto:

"Porque yo sé que aquí esto huele a peligro".

"¿Qué cosa es que huele a peligro?", contraatacó Lilliam.

"Habernos conocido, pasarlo tan bien, cómo bailamos los dos, eso huele a peligro. No estaba buscando complicarme ahora, pero bueno…", le dije dejando una interrogante en el aire.

El resultado de aquella jornada fue que a partir de ahí comenzamos a salir regularmente todas las semanas.

Las salidas eran con amigos comunes, y casi siempre terminábamos bailando toda la noche. Aquello parecía un maratón. En esa época uno de nuestros lugares favoritos era el ya desaparecido Diego's Restaurant, en Coral Gables, que combinaba un magnífico menú de comida española con buena música cubana.

Otros días íbamos a cenar y después terminábamos en esos sitios de la Pequeña Habana para escuchar descargas cubanas. Bailábamos como si nos hubiésemos conocido toda una vida, cosa que me impresionaba y preocupaba a la vez.

Aunque trataba de llevar la relación despacio, fue inevitable que nos viéramos con más frecuencia. La pasaba a recoger a su casa, donde vivía con su señora madre. Casi de inmediato, esa señora me cogió un gran cariño.

No podía ser de otro modo: era una familia de gente muy trabajadora y honesta que había venido de Cuba huyendo del comunismo. Una historia digna de contar.

## La trayectoria de Lilliam

La familia de Lilliam era originaria de la provincia de Matanzas, de un pueblito llamado, no sé por qué, Amarillas. Como su padre, don Osmundo Sánchez, trabajaba en la Central Por Fuerza, que era de la familia Arrechabala de Cárdenas, ella se crió prácticamente allí.

A los 15 años, sus padres, especialmente gracias a las gestiones de su madre Violeta de Sánchez, la envían a Matanzas para estudiar para hacerse maestra de preescolar, que era lo que más le gustaba y estaba al alcance. Allí estuvo dos años estudiando en una escuela privada para muchachas que querían ser maestras.

Sus padres la pusieron a vivir en un colegio de monjas mientras asistía a esa escuela privada que no era religiosa, porque allí sus padres se sentían más confiados y tranquilos porque iba a estar más protegida.

Empezó en 1958 y se mantuvo ahí hasta 1959, cuando escuela fue cerrada por órdenes de Fidel Castro. Cuando el régimen le dijo a las estudiantes que debían continuar estudios en otra escuela mixta estatal, con una enseñanza que iba a contener lecciones de marxismo, Lilliam decidió abandonar los estudios.

Su padre, que aún continuaba en el ingenio, le dijo que retornara a la Central y que se dedicar a estudiar más a fondo el piano, que ella ya había comenzado antes de irse a la escuela privada.

"Venga para acá y siga estudiando su piano y sus cosas que esta situación va a pasar. Y luego vuelve a la escuela", le dijo su padre sin imaginarse lo que vendría.

A los 17 años, en enero de 1960, se casó por primera vez para iniciar su primera familia. Quedó embarazada y cuando estaba en la clínica, convaleciente tras dar a luz una hermosa niña, a principios de octubre de ese año, ocurrió lo inimaginable.

Fidel Castro comenzó a ordenar por primera vez una política de intervenciones masivas de negocios y propiedades privadas, que pasaron a manos del Estado sin que hubiese compensaciones para sus propietarios.

La medida provocó una alarma tan generalizada que muchas familias decidieron abandonar Cuba rumbo a Estados Unidos. Así es como con su hija de 17 días de nacida, junto a su esposo y la familia de éste, Lilliam salió de Cuba el 23 de octubre de 1960 para nunca más volver.

Sus padres, igual que los míos, llegaron más tarde a Miami huyendo del desastre castrista.

Durante las siguientes tres décadas, Lilliam se dedicó básicamente a levantar a su familia. Tuvo tres hijos, que después le trajeron nietos. Nunca se vio en la obligación de trabajar, hasta que se divorció a finales de los años 1990s.

Su primer empleo fue, tras un entrenamiento preliminar, nada menos que ocupar el puesto de directora del Hamilton Bank en Miami. Allí comprobó que tenía madera para los negocios.

Estando en el banco, recibió una propuesta de negocios de su

Gus y Lilliam Machado se enfocaron en programas de beneficio a la comunidad en su extensa actividad filantrópica.

amiga Remedios, para encargarse en sociedad de la distribución en Estados Unidos de los productos de comida enlatada española Molinera, muy conocida en el mercado de alimentos.

Comenzó distribuyendo conservas y pimientos, que eran número uno en el mercado. También frutas y vegetales enlatados y otros productos de la cocina española. Y las ventas

Gus y Lilliam Machado rodeado de hijos y nietos de la familia Machado en Miami.

fueron creciendo paulatinamente.

Para ella fue una aventura porque nunca se había hecho cargo de su propio negocio. Pero cualidades le sobraban, y el negocio de distribución con Molinera resultó un gran éxito.

## Un matrimonio inesperado

Desde el momento en que nos conocimos, a principios de los 2000s, sostuvimos una relación marcada por el disfrute de la buena vida, y el respeto por la vida de cada quien.

Ciertamente yo no tenía prisa para formalizar ninguna

relación, y ella tampoco. Aunque parezca increíble, mantuvimos en esas condiciones nuestra relación por una década.

Yo iba con mucha frecuencia a comer en su casa, y ella me acompañaba en mi apartamento de soltero en Miami Beach. Y en ocasiones, nos reuníamos con sus hijos para compartir una buena comida los domingos.

Frecuentábamos amigos comunes, compartíamos fiestas y celebraciones, e incluso viajábamos a nuestros destinos favoritos aprovechando las convenciones de la Ford a las que me invitaban todos los años. Pero cada quien por su lado.

Hasta que llegó el día en que todo cambió, de forma inesperada.

En uno de nuestros viajes fuimos a Las Vegas para asistir a una de las convenciones de Ford. Lilliam le había informado sobre el viaje a su amiga Remedios, porque sabía que para ella Las Vegas era un lugar irresistible.

Remedios se encontraba en Denver, Colorado, atendiendo una reunión de la junta de directores de la compañía de teléfonos US West, de la cual era miembro, y no se lo pensó dos veces:

"Para allá vamos", le dijo Remedios por teléfono.

En aquella ocasión viajamos junto con Víctor Benítez y su esposa Idania, para representar a Gus Machado Ford en la convención.

La noche de nuestra llegada nos fuimos a cenar las tres parejas en un exclusivo restaurant en Las Vegas, y cuando retornamos al hotel, le hice un comentario a Lilliam, que estaba

Gus y Lilliam Machado rodeado de la rama familiar de los Martínez-Sánchez, en Miami.

próxima a cumplir años.

"Mira, te quiero dar una cosita por tu cumpleaños", le dije, sin darle más detalles.

Ella se quedó mirándome a los ojos, intrigada.

Por supuesto no se imaginaba lo que yo tenía en mente. Para decir la verdad, yo tampoco lo tenía pensado. Simplemente se me ocurrió ese día, como algo que ya no podía esperar más.

"¿Qué tú crees si nos casamos aquí? ¿Por qué no aprovechamos que estamos aquí en Las Vegas y nos casamos?"

"¿Aquí en Las Vegas?", preguntó Lilliam un poco impresionada.

"Bueno, es que dicen que aquí es más fácil. ¿Por qué no aprovechamos?"

"¿Pero tú estás loco? ¿Cómo me voy a casar yo sin mis hijos y mis nietos? ¡No, qué va!", me respondió.

"¿Por qué no nos casamos y después, cuando lleguemos a Miami, tu das la fiesta que quieres?", contraataqué.

"No, yo no le puedo hacer eso a mis hijos y a mis nietos, que no", Lilliam estaba empecinada.

"Si me voy a casar contigo, lo tengo que hacer frente a mis hijos y mis nietos", agregó.

Yo no seguí insistiendo y simplemente me di la vuelta y olvidé el asunto.

Aparentemente Lilliam lo consultó con la almohada y luego con Remedios, y se convenció a ella misma. Porque al día siguiente, temprano en la mañana, me dijo que quería retomar mi propuesta.

"Con respecto a lo que me hablaste anoche, mi respuesta ahora es: ¡sí quiero!", me dijo sin preámbulos.

"Bueno, vamos ahora mismo a hacer los arreglos", le dije. Alquilé una limusina para escoger cuál de las muchas capillas que funcionan en la ciudad 24 horas al día era la que más le gustaba a ella.

Pero después de ver unas pocas, Lilliam me dijo: "casémonos en un sitio más privado".

Y eso fue lo que hicimos. Logramos reservar un salón privado en un restaurant exclusivo dentro del hotel Bellagio, cuyo propietario era un empresario español, que nos habían recomendado. Hablamos con el dueño y todo quedó reservado.

Nuestros buenos amigos Remedios y Fausto, que se estaban quedando en el Bellagio, se hicieron cargo de buscar al pastor para la ceremonia privada.

El día de la boda, el 26 de abril de 2011, me fui a jugar golf con los amigos de la convención de Ford. Ese día era el día cumbre de la convención: la Ford iba a presentar los nuevos modelos de automóviles que tenía para lanzar al mercado.

Después de terminar la partida de golf, almorzamos y nos preparamos para la plenaria, que iba a ser alrededor de las 5:30 de la tarde. Con todo el ajetreo, y saludando a los colegas, no llegaba el momento de poder irnos a la ceremonia privada.

Lilliam me decía en voz baja:

"Nos tenemos que ir".

Pero yo seguía saludando a los amigos.

"Se está haciendo tarde", insistía Lilliam. "Ya Remedios le ha dado tres copas de vino al reverendo", insistió.

Yo le dije, todavía distraído: "Ya nos vamos".

Hasta que Lilliam me apretó el brazo y me dijo:

"Gus, ya es hora, tenemos que ir a casarnos".

Por fin cedí, y salimos a toda prisa.

Cuando llegamos al restaurant, ahí estaban Remedios y Fausto, Víctor y Dana, junto al juez. En una mesa, había un bouquet con las flores favoritas de Lilliam.

En el instante en que se debían pronunciar los votos, el

pastor preguntó en voz alta.

"¿Y los anillos?"

En ese momento caí en cuenta que con todo el apuro, habíamos olvidado ese detalle.

Pero sin perder tiempo, con gran oportunidad, Víctor dio un paso adelante y respondió:

"Aquí están", ofreciendo su propio anillo y el de su esposa Idania.

Todos sonreímos por la ocurrencia, tomamos los anillos prestados, y la boda pudo seguir adelante.

Después de la sencilla ceremonia, tuvimos una cena espléndida. Lilliam llamó luego a sus hijos para informarles.

Lo único que lamentó Lilliam fue su madre ya no estaba para contarle la buena noticia.

Cuando volvimos a Miami, Lilliam dio su fiesta en toda regla. Y después nos fuimos de viaje a Europa, aprovechando que se acercaba mi visita anual a Escocia, para jugar golf en el gran campo de St. Andrews, con un selecto grupo de mis más cercanos amigos, como fue costumbre durante muchos años.

## Junto a Lilliam en las actividades benéficas

Como dije antes, la boda fue un regalo de cumpleaños para complacer una aspiración de Lilliam. Porque en realidad ya llevábamos casi una década de vida juntos, integrados en muchos aspectos de nuestras vidas, aunque con mucho respeto hacia las responsabilidades en la vida de cada quien.

Una de las actividades que admiré mucho y a la cual me incorporé sin reservas fue el trabajo benéfico y desinteresado que Lilliam hacía con la American Cancer Society.

Cuando le tocó presidir el capítulo de la sociedad en Miami, la apoyé en todo lo que pude, en gran parte porque yo mismo había entendido antes la importancia de involucrarse en iniciativas de beneficio social, ya fueran niños de escasos recursos, o personas que sufren de enfermedades complicadas como el cáncer.

Como ya he contado, yo mismo establecí en 1998 un torneo de golf con fines benéficos que aún tiene lugar en Indian Creek, en el noreste de Miami. Y sin saber que Lilliam estaba involucrada en esa sociedad, le doné buen dinero durante eventos de recaudación de fondos antes de que la conociera.

El compromiso de Lilliam con la Sociedad contra el Cáncer le nació luego de una experiencia familiar por la que atravesó un sobrino político, un muchacho que había visto crecer desde que era un niño de 4 años.

Cuando era apenas un veiteañero, el joven sufrió de una versión agresiva de cáncer. Dio la pelea junto a toda la familia, y ganó la batalla no una sino tres veces, porque el cáncer le volvió en tres ocasiones, y gracias a Dios siempre pudo superarlo. Esa fue la primera vez que Lilliam se encontró con el cáncer, y fue una experiencia muy inspiradora para ella.

Así que cuando su amiga Remedios le propuso un día formar parte de los esfuerzos del American Cancer Society,

Lilliam no lo pensó dos veces.

Organizó una cantidad de actividades que se pierden de vista: almuerzos, cocteles, eventos como "Relevo por la vida", que ella creó y se presidía todos los años en Hialeah, una mezcla de caminata por los barrios y vendimia. También organizó otra caminata, Making Strikes, para recaudar fondos contra el cáncer de seno.

En esos y muchos otros eventos benéficos, Lilliam tuvo oportunidad de servir a mucha gente necesitada. De eso puedo dar constancia.

La actividad benéfica de Lilliam no se quedó sólo con la American Cancer Society. En 2008 fundamos juntos la Gus Machado Family Foundation Inc., en Hialeah, con el objetivo de contribuir nuestro granito de arena a la sociedad, con énfasis en los pobres y los más necesitados.

Con la fundación organizamos otra cantidad de eventos de apoyo y entrega de donativos. Uno de los programas más populares ha sido la feria escolar en nuestra sede de Gus Machado Ford en Hialeah, en la que más de 400 niños recibían un moral lleno de todos los útiles necesarios para el año escolar.

Durante esas jornadas de apoyo a los pequeños estudiantes, también se rifaron una gran cantidad de bicicletas, que los niños recibían con gran alegría.

La sensibilidad de Lilliam ayudó a motorizar otras iniciativas que, con mi impulso decisivo, se han convertido también en mi legado de más de seis décadas de trayectoria.

# 13

# El Legado de Gus Machado (2002-2021)

Cuando gané mi primer salario en Estados Unidos, en el ya lejano 1952, en Joliet, Illinois, trabajando con Caterpillar, y sobre todo cuando establecí mi primer negocio en Hialeah cuatro años más tarde, con un capital de $2,000 que me prestó mi padre, nunca pensé en que mi trayectoria iba a dejar un legado histórico perdurable con el pasar de los años.

Mucho de lo que alcancé a ser naturalmente se lo debo a mis padres, sobre todo a mi madre Elia Hernández de Machado, que me transmitió la chispa de los negocios, a mi padre, que me inculcó la disciplina, y a mi querido hermano Ed, que me ayudó en los momentos cruciales cuando inicié mi vida y conseguí mi primer trabajo en Illinois, gracias a sus buenos oficios.

Mi primera motivación durante esos años fue procurar un

Gus y Lilliam Machado, acompañados de Lylia Machado y Víctor Benítez, entregan una contribución para la Hialeah Garden High School, una institución fundada en 2009.

medio para sostener a mi creciente familia, y desarrollar mis capacidades creativas y de negocios, que ya había descubierto en la finca familiar gracias al estímulo de mi abuelo materno Rafael Calderín.

Luego vino mi marcado interés en el mundo de la publicidad, inspirado en una figura de prosapia como Jim Moran, pionero en convertirse en figura central en la promoción de su propio negocio de venta de carros a nivel nacional.

Sin anticiparlo, me convertí en una figura pública y en una referencia empresarial en el mundo de los negocios hispanos, con una larga serie de logros y reconocimientos en la industria donde me desarrollé.

Y ya no fue únicamente el interés de aumentar las ventas el único motor de mi carrera y mi vida. Tomé conciencia de que como líder de opinión, podía hacer mucho bien apoyando causas nobles en beneficio de la comunidad.

Como ya he explicado en los capítulos precedentes, encontré inspiración en promover iniciativas de todo tipo: concursos para promover el talento local, torneos de golf para apoyar causas benéficas, eventos de todo tipo para recaudar fondos, desde caminatas y vendimias comunitarias, hasta cenas de gala con la alta sociedad de Miami.

Estimulado por mi esposa Lilliam, me metí de lleno en la promoción de las iniciativas de la American Cancer Society, y a través de mi propia organización, la Gus Machado Family Foundation, apoyé materialmente a cientos de familias de escasos recursos y sus hijos, como una manera de devolver un poco de mi éxito empresarial al pueblo que me acogió en este gran país durante la mayor parte de mi vida.

Y cuando pensaba que me llegaba el tiempo de retiro, surgieron iniciativas que me demostraron que todavía había mucho por hacer.

## Actividades sociales con la Fundación de la Familia Machado

A través de la Gus Machado Family Foundation iniciamos

a mediados de agosto de 2009 la primera Feria Comunitaria de Verano de Gus Machado Ford, en nuestro concesionario de Kendall.

Lo hicimos ahí para aprovechar la reciente apertura de esa nueva sede de negocios, y tener un encuentro directo con la gran comunidad del sur de Miami.

Junto a Lilliam entregamos numerosos morrales llenos de útiles escolares a los primeros 100 niños que llegaron a la Feria, una donación que organizamos en forma conjunta entre la Gus Machado Family Foundation y mi querido amigo Serafín Blanco, de El Dolarazo.

Una gran satisfacción sentimos al ver los rostros sonrientes de los niños que recibían sus morrales de manos de Lilliam.

La feria abarcó más que la entrega de morrales. Se rifaron viajes a Cancún, en alianza con la empresa MK Travel, y el Departamento de Salud de Miami-Dade envió un equipo médico para vacunar a unos 50 niños, gracias a los buenos oficios del comisionado Joe Martínez.

Por su lado, el Departamento de Transporte de la Florida envió una Unidad Móvil para ofrecer renovación de licencias e incluso entregar tarjetas de identidad oficial para los niños en edad escolar.

Era la primera vez que lo hacíamos en Kendall, pero ya llevábamos más de 20 años haciendo este tipo de eventos en Hialeah, para beneficio de nuestra querida comunidad.

Gus Machado durante la convención de Ford Motor Company en Las Vegas en 2012, donde fue escogido y premiado como uno de los 6 mayores vendedores de carros Ford a nivel mundial.

## Logros y reconocimientos con Ford Motor Company

Siempre he considerado que una parte crucial de mi legado es el éxito que me logrado, junto con mis socios, familiares y amigos más cercanos, en la difícil y muy competida industria automotriz.

En el giro de venta de autos he hecho de todo: comencé vendiendo carros usados, luego exporté estos autos primero a Cuba, luego a Puerto Rico y Argentina.

Tuve negocios de alquiler y lease de vehículos en Puerto Rico, un negocio que se mueve de manera muy distinta, en

Gus Machado is dedicated to countless social causes in greater Miami. His Gus Machado Family Foundation provides critical resources to improve health and education in the community and is closely aligned with the American Cancer Society and important initiatives that raise awareness and fight the disease. The Foundation spearheads a "Relay for Life" event which includes thousands of cancer survivors banding together to raise money for cancer prevention in the Hispanic community. Gus also generously supports R.O.C.K. – Reaching Out to Cancer Kids, which provides summer camps and college scholarships to teenagers stricken with the disease. Mr. Machado also runs annual "Back to School Community Fairs" where hundreds of school-bound children are provided with important essentials including health immunizations and backpacks full of school supplies.

**Gus Machado**
Gus Machado Ford,
Gus Machado Ford of Kendall

Hialeah, Florida and
Miami, Florida

Esta semblanza de Gus Machado fue expuesta en la Convención de Ford en las Vegas en 2012, como uno de los premiados ese año como uno de los mejores 6 dealers del mundo.

comparación con la venta de carros.

Luego me abrí al negocio de venta de autos nuevos, lo cual es la cima del negocio. Es una dinámica absorbente, a la cual hay que dedicarse en cuerpo y alma, con una mezcla de agresividad, amabilidad y mucha imaginación, si se quiere ser exitoso.

Tuve varias agencias de autos nuevos, la primera de Buick y luego la de Ford, ambas en Hialeah. En 2009, decidí expandir mis operaciones con la tienda de Ford Machado Kendall, justo después de la gran burbuja inmobiliaria que dejó a muchos en la calle.

Estuve al borde de la quiebra, pero a diferencia de muchos otros en el giro, me recuperé y protagonicé un gran renacimiento que me trajo muchos reconocimientos y satisfacción.

Fue justo tras desastres naturales, particularmente el huracán Andrew, que comenzaron a llover los premios:

Durante tres años consecutivos, entre 1994 y 1996, ingresamos al selecto One Hundred Club, el exclusivo grupo de los 100 dealerships de Ford más exitosos en todo el país, seleccionados de un total de más de 4,300 distribuidores en Estados Unidos.

En 1996, obtuve el reconocimiento del Empresario del Año, entregado por Camacol, un premio que me puso en el centro más importante de la comunidad empresarial en el sur de la Florida.

Ese mismo año, recibí en ceremonias simbólicas las llaves de las ciudades de Miami, Hialeah y Hialeah Gardens, luego de proclamarse el 28 de septiembre como el Día de Gus Machado.

El año siguiente, en 1997, recibí dos reconocimientos que me parecieron importantes: el Dealer del Año en el condado de Miami-Dade, y el Hombre de Negocios del Año otorgado por la Cámara de Comercio de Estados Unidos para la región Suroeste, compitiendo con decenas de otros candidatos.

Me parecieron reconocimientos muy merecidos, porque había dedicado innumerables horas como workaholic -como me decía mi hija Myra-, pero como era mi estilo, me lo tomé sin darle excesiva importancia.

Una nueva tanda de reconocimientos coincidió con la entrada del nuevo milenio, cuando mi vida estaba dando un vuelco en todos los frentes.

Justo el año cuando conocí a Lilliam, en 2001, recibí de la Ford Motor Company mi primer Certificación Oval Azul (Blue Oval Certified), un reconocimiento especial.

Dos años más tarde, en 2003, me dieron el Premio del Presidente de Ford Motor Company (President's Award), por mi desempeño en las ventas en mi región, un reconocimiento que sólo era entregado a muy contados concesionarios Ford en todo el país.

Ese premio significó el punto más alto de mi carrera como empresario de automóviles: era el más alto honor que se podía recibir de mi empresa matriz Ford, entregado a los 450 dealers escogidos de entre casi 5,000 concesionarios Ford y Lincoln Mercury en Estados Unidos y Canadá.

En el período 2009-2010, cuando abrí la tienda Gus Machado Ford en Kendall, fui galardonado con el Premio Socios en Calidad (Partners in Quality Award), que Ford entregaba a los concesionarios más leales y consecuentes con los principios de la gran firma.

## Ford Salute y 12 "Buenos Hombres"

Luego vino el gran reconocimiento que la Ford Motor Company otorgó a un muy selecto grupo de concesionarios a

Gus Machado fue un gran activista en la lucha por la libertad de Cuba, junto a sus grandes amigos la ex congresista Ileana Ros-Lehtinen, y Fausto y Remedios Díaz-Oliver.

nivel internacional en 2012, por su labor de impacto social.

Gus Machado Ford fue reconocido entre sólo 6 concesionarios que incluyeron cuatro dealers en Estados Unidos (incluyendo a Gus Machado Ford), uno en República Dominicana, y otro en la provincia de Shanxi, en China.

En el texto del reconocimiento dedicado a Gus Machado Ford se describieron las razones para ser incluido en el selecto grupo:

"Gus Machado está dedicado a innumerables causas sociales en el Gran Miami. Su Fundación Familia de Gus Machado provee de recursos críticos para mejorar la salud y la educación de la comunidad, y está estrechamente alineado con la Sociedad Americana contra el Cáncer e importantes

Gus y Lilliam al lado del ex presidente George W. Bush.

Gus y la congresista Ileana Ros-Lehtinen gueron grandes aliados
en la causa de la libertad de Cuba.

iniciativas que promueven la toma de conciencia y la lucha
contra esa enfermedad".

"La Fundación lidera el evento "Relevos por la Vida", que
reúne a miles de sobrevivientes del cáncer a fin de recoger
dinero para la prevención del cáncer en la comunidad hispana".

Gus Machado, indicó el reconocimiento, "también ha
apoyado generosamente la iniciativa R.O.C.K. (Reaching

Out to Cancer Kids, o Ayudando a los Niños con Cáncer), que organiza campamentos de verano y becas estudiantiles a adolescentes afectados por la enfermedad".

"Machado también lleva a cabo "Ferias Comunitarias de Vuelta a la Escuela", en las cuales cientos de niños en edad escolar reciben suministros esenciales como vacunas de inmunización, y morrales llenos de suministros escolares".

Al año siguiente, en marzo de 2013, fui incluido como uno de los invitados especiales en el prestigioso evento organizado para recaudar fondos a favor de la Ronald McDonald House Charities, que realizan una gran labor a favor de familias que tienen niños enfermos.

Se trataba de un Almuerzo Anual en honor de las 12 personalidades del Sur de la Florida que durante el año realizaron actividades de gran impacto social, particularmente en familias con niños enfermos.

Estuve como uno de la docena de personas destacadas, seleccionadas para la edición número 20 del Almuerzo Anual "12 Hombres Buenos" (20th Annual 12 Good Men Luncheon), que tuvo lugar en el parque Jungle Island, que recibieron un reconocimiento "por su dedicación a la comunidad, al servicio cívico y apoyo a obras caritativas locales".

Allí fue el cierre de la buena racha de reconocimientos que se inició en 1994, que no había sido algo al azar, sino fruto de un trabajo esmerado, insistente, agresivo en ocasiones, y disciplinado por alcanzar las metas trazadas.

Gus Machado y la cantante cubana Olga Guillot.

Por supuesto, desde esa época hasta la actualidad (2021), nuestras empresas han continuado enfocadas en ofrecer un servicio de máxima calidad a nuestros clientes. Esto fue lo que, por ejemplo, inspiró los ambiciosos proyectos de ampliación y mejora de nuestras tiendas, que emprendimos en 2017, con una inversión de $2 millones para renovar por completo nuestras instalaciones en los concesionarios, un Proyecto que sin duda, valió la pena a juzgar por los resultados.

Durante estas últimas décadas, mi trabajo con Ford fue y ha sido una parte fundamental de mi trabajo como empresario. Aunque ha sido una parte crucial, sin embargo, no ocupó la totalidad de mis proyectos y actividades. Porque mis ambiciones no se agotaban en el mundo de las ventas de autos, sino que saltaban a otras esferas, incluyendo el activismo político a favor de la libertad, los principios democráticos y los derechos fundamentales consagrados por la Constitución de los Estados Unidos, particularmente en la isla que me vio nacer, esclavizada por una dictadura de más de 60 años.

## Mi compromiso político

Cuando llegué por primera vez a Estados Unidos, en Cuba imperaba un sistema de libre mercado y de amplias libertades, y una economía floreciente a pesar de que la dictadura de Fulgencio Batista limitaba los derechos políticos de los cubanos.

Todo cambió con la llegada de la revolución castrista, que retrocedió la nación a una época de subdesarrollo político, económico y social que ya se había superado con creces.

Aunque no viví directamente esos cambios catastróficos que trajo Fidel Castro a Cuba, me afectaron de diversa manera.

El primer impacto fue cuando la dictadura, ya instaurada y declarada socialista, me cerró de golpe la puerta a mi negocio de exportación de vehículos usados a la isla.

Luego vino el impacto más personal, cuando casi toda mi

Gus y Lilliam junto al ex gobernador de la Florida
y ex candidato presidencial Jeb Bush.

familia que aún residía en Cuba fue obligada a buscar refugio en Miami, como hicieron decenas de miles de cubanos en esos años.

Los abusos de la dictadura era para mí, así como para incontables cubanos en el exilio, una espina atravesada en el corazón. Algo que, por otro lado, no había mucho qué hacer para combatirla.

Durante mis años de empresario, cuando me empeñaba a fondo en tener éxito en el "malvado" sistema capitalista, el destino de Cuba no dejaba de ser un tema pendiente.

Había activistas de gran coraje, como Jorge Mas Canosa y muchos otros líderes en el exilio, que entregaron sus vidas a la lucha anticastrista. Siempre tuvieron mi admiración y apoyo. Pero en lo personal nunca me pareció que estaba hecho para lanzarme a la arena política.

Todo esto cambió en 2003, por obra y gracia de Lilliam y la influencia de su amiga Remedios Díaz-Oliver, esposa de mi buen amigo Fausto Díaz-Oliver, una pareja con la que habíamos desarrollado una estrecha amistad por más de una década.

Hasta ese momento, aparte de mi dedicación empresarial, me había volcado al activismo social a través de una amplia serie de iniciativas benéficas, en la que destacaba la alianza con la American Cancer Society, donde Lilliam había hecho carrera y ejercía un gran liderazgo reconocido en los círculos benéficos de todo el sur de la Florida, gracias a la influencia de Remedios.

Pero tras muchas conversaciones con mis amigos sobre los temas que preocupaban a los cubanos en el Sur de la Florida, me iba quedando claro que había que hacer algo significativo para promover la libertad del país que me vio nacer.

## Una pareja memorable

La historia de Remedios y Fausto vale la pena contarla. Tiene muchas similitudes con la mía, en cuanto al empeño, la disciplina y la dedicación para alcanzar el éxito empresarial; aunque también tiene sus propios bemoles.

Remedios y Fausto llegaron a Estados Unidos muy jóvenes, como exilados, huyendo de la dictadura castrista a mediados

Gus y el destacado productor cubano-americano Emilio Estefan.

de 1961, semanas después de la fracasada invasión de Bahía de Cochinos.

Salieron de Cuba en el primer vuelo que se abrió después del evento, con dos maletas que les permitieron sacar apenas lo esencial, y llegaron a Miami sin un centavo en el bolsillo.

Se instalaron en el noroeste de la ciudad gracias a la ayuda de unos amigos, y afortunadamente Fausto pudo comenzar a trabajar casi de inmediato en una factoría donde le pagaban 75 centavos la hora.

Remedios, desde luego, no estaba hecha para quedarse atendiendo los asuntos del hogar, pese a que había llegado con su hija recién nacida.

Había estudiado en una prestigiosa escuela bilingüe en La Habana, la Havana Business Academy, una institución privada de gran prestigio que formaba jóvenes para los negocios.

Así que cuando sus padres llegaron de la isla, tres meses más tarde, y la ayudaron con las tareas familiares, ella comenzó a buscar trabajo de inmediato. Se decidió por una fábrica de botellas de vidrio cuya dirección estaba cerca de la fábrica de ventanas donde trabajaba Fausto, que le pagaba $55 por 6 días de trabajo a la semana.

Curiosamente, la razón por la cual Remedios escogió el trabajo era porque sólo contaban con un solo vehículo, que habían adquirido usado por $59, y que pagaban a razón de $7 a la semana para cubrir el préstamo.

Aunque parezca increíble, tras un año de estar empleada,

Remedios, que había entrado en el departamento de Administración de la fábrica, fue promovida a vicepresidente de la empresa.

Ciertamente Remedios desplegó sus talentos. La firma, cuyos clientes eran todos locales, comenzó a internacionalizarse cuando Remedios inició giras de ventas por toda Centroamérica, incluyendo Honduras, El Salvador, Costa Rica, Guatemala y Panamá, para vender envases de vidrio a escala industrial, sobre todo para envasar bebidas. Fue un tremendo éxito al que también se incorporó Fausto.

## PAC por la Libertad

Como ya he contado, conocí a Remedios y Fausto en la década de los 70, cuando frecuentábamos las reuniones de la Cámara de Comercio Latina (Camacol), de la cual Fausto fue vicepresidente durante muchos años, junto a Luis Sabene.

Por separado, Lilliam y yo fuimos amigos de Remedios y Fausto por años. Pero antes y después de nuestro matrimonio, la relación entre ambas parejas fue muy estrecha, y generó más de un interesante proyecto.

Uno de ellos nació, sin que nadie se lo propusiera, a mediados de 2001.

Estaba con Lilliam en Washington DC para asistir a la gala de los Hispanic Heritage Awards, una organización a la que pertenecía Remedios, y a cuyo evento principal habíamos sido

Lilliam Machado junto a sus aliadas Remedios Díaz-Oliver y la fiscal estatal Katherine Fernández-Rundle.

especialmente invitados.

Antes de la gala, en la mañana, habíamos ido a visitar a los dos congresistas cubano-americanos que nos representaban: Ileana Ros-Lehtinen y Lincoln Díaz Balart. Ambos nos recibieron con gran entusiasmo por nuestra presencia en la capital.

Era la época del gobierno de George W. Bush, y como es natural, el tema de la libertad de Cuba ocupó la mayor parte de las conversaciones con ambos congresistas.

Tanto Ileana como Lincoln nos expresaron su preocupación por algo que nos impactó mucho: que la dictadura cubana tenía una creciente influencia en el Congreso en ese momento; que se estaban gastando mucho dinero en cabildeo; y que ellos temían que se aprobaran leyes que de una manera u otra podían beneficiar al régimen comunista.

"Tememos que el Congreso apruebe leyes favorables al régimen castrista que ni siquiera el presidente Bush pueda vetar", dijo Ros-Lehtinen.

Cuando escuché aquello que me pareció increíble, sentí una tremenda indignación.

"¿Cómo es posible que los comunistas tengan tanta influencia en Washington?", me pregunté.

Fue entonces la primera vez en que se habló sobre la necesidad de hacer algo políticamente eficaz para enfrentar esa tendencia.

"Lo mejor sería crear un Political Action Committee, un PAC", fue la idea que prevaleció en esos encuentros.

Hasta ese momento no había incursionado directamente en la política, pero sentí que quizá había llegado el momento.

Terminamos el encuentro con los congresistas, y nos preparamos para la gala de los premios de la Herencia Hispana de esa noche.

El evento incluía un show artístico dentro del Kennedy Center, en el que destacaban artistas de la talla de Celia Cruz y Gloria Estefan; y una cena de gala en el Hotel Watergate.

En la cena coincidimos con un joven de origen cubano que hablaba apasionadamente sobre la libertad de Cuba.

La pareja Fausto y Remedios Díaz-Oliver fueron grandes amigos de Gus y Lilliam Machado.

Todo lo que decía sobre lo que estaba sucediendo en la isla en ese momento, y lo que había que hacer, coincidía con lo que habíamos conversado.

El joven era Mauricio Claver-Carone, en ese momento un talentoso abogado que trabajaba con el Departamento de Tesoro como asesor en temas regulatorios de banca y finanzas.

"Mauricio habla exactamente de lo que nosotros pensamos", comentó Remedios.

"Estoy de acuerdo", le respondí, y fue tanto el entusiasmo por las posiciones que defendía Mauricio, que nos quedamos conversando con él hasta las 3 de la madrugada.

Después de la velada, todos quedamos convencidos de que era nuestra obligación moral ayudar a nuestro país, y dedicarle alma, vida y corazón a la libertad de Cuba.

Casi de inmediato decidimos proponerle a Mauricio que encabezara la iniciativa del PAC. Pero Claver-Carone declinó aceptar argumentando que estaba haciendo un trabajo "muy importante" en el Departamento del Tesoro, y no quería abandonar esa posición.

Sin embargo, nos dijo que le diéramos "un tiempecito" para tomar una decisión.

Unos meses después, en noviembre de 2001, en ocasión de mi cumpleaños, que me celebraron en un teatro de Miami con un show que incluyó la presentación de mi buen amigo el imitador dominicano Julio Sabala, nos volvimos a encontrar con Mauricio Claver-Carone.

Nuevamente surgió el tema del PAC, y Mauricio dijo que estaba dispuesto a aceptar si le daban un poco más de tiempo para terminar tareas pendientes.

El momento llegó finalmente año y medio después, en junio de 2003, cuando registramos el US-Cuba Democracy Political Action Committee, que encabezó Mauricio y donde me encargaron el papel de Tesorero.

## Un sentimiento patriótico

Cuando registramos el PAC por la Libertad de Cuba comenzamos de inmediato a contactar a nuestros amigos y conocidos para comenzar la ardua tarea de recaudar fondos.

Hasta ese momento la organización más activa en la promoción de la causa cubana en Estados Unidos era la Fundación Nacional Cubano Americana, fundada por Jorge Mas Canosa en 1981, pero en 2003 el activismo anticastrista en el sur de la Florida no estaba en su mejor época.

Lo que nosotros nos propusimos fue organizar un equipo que visitara diariamente el Congreso, visitara sus líderes todos los días, para mostrarles lo que de verdad estaba pasando en Cuba.

Había que contrarrestar a los enemigos de la causa de una Cuba Libre, que se paseaban a sus anchas por los pasillos del poder en Washington y el Congreso. Porque había congresistas tanto demócratas como republicanos, que se negaban a apoyar la causa de la libertad en la isla.

Por eso Mauricio era la persona clave, porque conocía los intersticios del poder en Washington, y era muy activo y muy respetado, porque tenía y había desarrollado durante años excelentes relaciones con muchos congresistas.

Así que mi tarea, que era la de recolectar dinero, la comencé con mucho entusiasmo y empeño que sólo me daba el amor que aún siento por la patria que me vio nacer.

Junto a Remedios, Lilliam y Fausto, comenzamos a hacer pequeños eventos para recaudar fondos. A todos se les explicaba que el 100% de sus donaciones iban directamente a ayudar a los congresistas amigos de la causa, y no para gastos superfluos.

"Nadie más va a recibir dinero, ni se va a dedicar a pagar ningún gasto de viaje ni de comida. Todo va dirigido a la causa", me tocaba explicar a los amigos y conocidos que se acercaban a nuestros actos recaudatorios.

En una ocasión organizamos un evento en Orlando, donde la gente participó con mucha generosidad, y se recogió una gran cantidad de dinero. Yo no pude asistir, pero contamos con la ayuda de la mamá y la abuelita de Mauricio, que vivían allí. Fue un increíble sentimiento patriótico porque donaron dinero médicos, empresarios, gente común y corriente que vivían en Orlando y les importaba mucho la causa cubana.

En otra ocasión organizamos otro evento en Puerto Rico gracias a la ayuda de un cubano muy activo en la isla, Eduardo Pérez Bengoechea. En ese acto se recaudaron cerca de $65,000, una buena cifra para la época.

Otro de los actos que recuerdo tuvo lugar en Atlanta, donde tuvimos la asistencia del congresista Mario Díaz-Balart, un gran amigo de la causa, que había sido electo representante el año anterior.

En su siguiente evento, el PAC convirtió al auditorio del condado de Miami-Dade en el escenario de un muy popular show anual de recaudación de fondos, en el que participaban grandes estrellas de origen cubano como Albita, Malena Burque y Paquito de Rivera, todos sin cobrar un centavo.

En poco tiempo comenzamos a ganar apoyos de congresistas de ambos partidos, que comenzaron a entender la verdadera naturaleza de la dictadura comunista de Cuba, y se convencieron de que había que actuar.

Uno de los eventos más memorables fue uno que organizamos en el hotel Biltmore de Coral Gables. Trajimos como uno de los oradores principales a un ex preso político cubano, Eusebio Peñalver, que expuso con crudeza la situación que atravesaban los afrocubanos en la Cuba de Fidel Castro.

Uno de los congresistas invitados al evento, el representante demócrata por Carolina del Norte, George K. Butterfield, quedó profundamente impresionado por el testimonio del mulato Eusebio, que había pasado 20 años en las prisiones castristas.

En su exposición, Peñalver explicó cómo los negros eran maltratados en Cuba, y no tenían oportunidades de superación; dio muchos ejemplos de discriminación, y demostró convincentemente que todo lo que decía Castro sobre los negros en la isla era falso.

"¿Por qué no hay más negros cubanos exilados en Estados Unidos?", preguntó el congresista, muy interesado en el tema.

"Porque desgraciadamente no tienen la forma de salir, no tienen familiares aquí que les patrocinen o envíen recursos, y no tienen posibilidad de pagarse los pasajes", le respondió el ex preso político.

A partir de ese encuentro, Butterfield, como muchos otros políticos y congresistas, se convirtió en un aliado incondicional de la causa por la libertad de Cuba.

Fue un trabajo muy satisfactorio promover esta causa y ganar aliados claves, diversos, en lugares tan variados, en contra de la dictadura castrista.

Desde luego, siempre recibimos el apoyo incondicional de nuestros congresistas de la Florida, como Ileana Ros-Lehtinen, los hermanos Lincoln y Mario Díaz-Balart, Marco Rubio y el resto de los representantes que vinieron luego y aún se encuentran activos.

Pero también recibimos apoyos cruciales de congresistas de todos los espectros políticos.

Tal es el caso de Debbie Wasserman Schultz, ex presidenta del Partido Demócrata, que fue una gran amiga del PAC, de la causa de Cuba Libre y de otros países que también sufren las taras del comunismo, como Venezuela y Nicaragua.

Otro caso muy notable es el congresista demócrata Albio Sires, nacido en Bejucal (igual que Andy García), en la provincial de Mayabeque, que salió de Cuba a los 11 años, un hombre decente e íntegro que asumió con pasión su lucha contra el comunismo en Cuba, y nos dió un gran apoyo al PAC a lo largo de los años.

Un incansable luchador anticastrista ha sido el senador Bob Menéndez, demócrata por New Jersey, amigo del PAC prácticamente desde su creación.

No podemos olvidar, entre muchos otros, al congresista Alex Mooney, de West Virginia, nacido en Estados Unidos de madre cubana que escapó de la dictadura de Fidel Castro, y sembró en sus hijos los ideales de lucha contra dictaduras comunistas.

Cuando me preguntan cuál fue el gran logro en las dos

décadas que tiene el PAC por la Libertad de Cuba, lo resumo de esta manera:

"Lo más importante del PAC es haber logrado que nunca se levantaran las sanciones a Cuba".

Como es sabido, el famoso "bloqueo" pregonado por la dictadura de La Habana como la causa principal de los grandes males que castigan a los cubanos, es una gran mentira. Porque Estados Unidos no impide que Cuba comercie con quien quiera, incluyendo empresas norteamericanas.

El detalle es que la dictadura, gracias a estas sanciones, no tiene acceso al crédito internacional. Una de las luchas grandes del PAC fue lograr que no se le extendiera créditos al régimen castrista que había robado todas las empresas americanas que estaban en Cuba en la década de los 60, y que nunca fueron compensadas.

Jamás hubo votos suficientes en el Congreso para aprobar el fin de estas sanciones. Ni siquiera Barack Obama, que quiso levantar las sanciones durante su presidencia, pudo reunir los votos necesarios en el congreso para suspender las sanciones, gracias en parte al minucioso trabajo de nuestro PAC, y de gente como Mauricio Claver-Carone, Remedios Díaz-Oliver y nuestros queridos congresistas aliados.

El legado del PAC lo he considerado como uno los logros más destacados en toda mi trayectoria de más de 70 años en los Estados Unidos.

# El "Gus Machado Way"

Uno de los reconocimientos que guardo con orgullo es la resolución aprobada en diciembre de 2011 por la ciudad de Hialeah, para designar una de las calles de la ciudad como la "Gus Machado Way".

Según la resolución 11-133, la calle fue designada como una porción de la vía West 13 Lane entre el West 44 Place y la West 47 Place, y la West 47 Place desde la West 13 Lane y la West 12 avenida.

Lo más satisfactorio para mi fueron las razones argumentadas en la resolución:

"Gus Machado ha sido un empresario, filántropo y líder comunitario en la ciudad de Hialeah desde 1982".

"En 2003, Gus Machado fundó el US-Cuba Democracy PAC, un grupo político que promueve una transición incondicional en Cuba hacia la democracia, el reconocimiento de los derechos humanos y civiles fundamentales, y el libre mercado".

Y, finalmente:

"En 2008, Machado creó la "Fundación de la Familia Gus Machado", una organización sin fines de lucro dedicada a la filantropía, al trabajo voluntario y a otorgar becas y fondos para causas importantes".

La resolución fue ratificada un mes después, el 24 de enero de 2012, por la Junta de la Comisión del Condado de Miami Dade, un reconocimiento por el que siempre estará agradecido.

Sin embargo, otra clase de legado atrajo siempre mi interés de una manera espontánea en un área que también consideré vital en el largo plazo: la educación de las nuevas generaciones.

Gus Machado, su esposa Lilian y su hija Lydia Machado durante el acto de dedicación del Gus Machado Way, aprobado en su honor por la ciudad de Hialeah, en junio de 2012.

# 14

# Broche de Oro: La Escuela de Negocios "Gus Machado"

A lo largo de mis años en el mundo de la filantropía, apoyé toda clase de iniciativas de beneficencia social sin mirar a quién. Doné mi esfuerzo y mi dinero para organizar desde prestigiosas competencias de golf y cenas de gala, hasta caminatas y vendimias.

Promoví causas en las que creí, y entusiasmé a muchos de mis amigos y vecinos adinerados para que pusieran también de su parte para buenas causas sociales.

Ayudé a recolectar dinero para los proyectos de la American Cancer Society, primero de una forma institucional dentro del patrocinio de los torneos golfísticos, y luego gracias al entusiasmo de mi esposa Lilliam, que presidió la organización para el sur de la Florida durante años.

Organicé eventos para ayudar y promover a jóvenes artistas con talento, en competencias que llegaron a transmitirse por la televisión.

Era algo con lo que me sentía muy a gusto, sobre todo porque la música y el baile han ocupado un lugar importante a lo largo de mi vida.

Participé activamente en causas políticas por la libertad de Cuba, porque pese a haber vivido la mayor parte de mi vida en este gran país, los cubanos nunca dejamos de sentir un profundo lazo con la tierra que nos vio nacer.

Sin embargo, una de las iniciativas que más me ha motivado a lo largo de mi carrera prestar ayuda a los jóvenes que tratan de echar adelante en la vida.

Comencé con mis propios hijos, a quienes traté de darles las mejores oportunidades posibles para que tuvieran una vida productiva.

Luego comenzamos con programas de donativos de útiles escolares, que hicimos durante años para beneficiar los pequeños estudiantes de Hialeah.

Siempre he sido un firme creyente de retornar a la sociedad, parte de lo que uno ha recibido en este gran país. Siempre tuve la necesidad de ayudar a otros a tener éxito, de la misma manera como muchos me ayudaron a lograr mi éxito como empresario.

Así que la nueva iniciativa en que me ocupé desde 2015 llegó de forma inesperada, pero sin sorprenderme. Fue como si la ocasión me abrió las puertas, y yo entré de lleno en el futuro que se me estaba ofreciendo.

Gus Machado durante una visita al sitio donde se construía la Escuela de Negocios que lleva su nombre en la Universidad St. Thomas, en 2020.

## La buena suerte de Monseñor Casale

La propuesta de un nuevo proyecto educativo vino por obra del azar -o por los misteriosos caminos de Dios- de la mano de mi querido y respetado amigo monseñor Franklyn Casale, presidente honorario de la Universidad St. Thomas (STU).

Conocía al padre Casale desde antes, en los muchos eventos de beneficencia en los que ambos coincidíamos.

Monseñor Casale estaba muy empeñado, como ha sido su carácter desde que se hizo cargo de la presidencia de la STU en 1994, en elevar todavía más el nivel de su querida casa de estudios, regentada por la Arquidiócesis de Miami, con una nueva escuela de negocios.

Me interesaba particularmente la historia y los proyectos de esa Universidad católica porque tenía una fuerte conexión con Cuba.

STU nació primero en La Habana como la Universidad Católica de Santo Tomás de Villanueva, administrada por los padres Agustinos. Cuando llegó la dictadura, Fidel Castro ordenó confiscar sus edificaciones y terrenos, y expulsó de la isla a los religiosos y al personal académico que la habían convertido en una gran casa de estudios.

Los padres agustinos vinieron a Miami y refundaron la Universidad bajo el nombre de Biscayne College. En 1984, el colegio fue renombrado como St. Thomas University, y cuatro años más tarde, en 1988, la Arquidiócesis de Miami, bajo el liderazgo del arzobispo Edward Anthony McCarthy, le brindó su patrocinio.

Monseñor Casale se convirtió en el noveno presidente de STU en abril de 1994. Lo conocí años más tarde y me identifiqué mucho con su estilo, porque como yo, él se consideraba un "solucionador de problemas" para otras personas.

El venía de una familia de New Jersey acostumbrada a enfrentar y superar dificultades, similar al seno familiar donde yo crecí, aunque en situaciones completamente diferentes.

A su familia le tocó sufrir los malos tiempos de la Depresión, una experiencia que desde luego marcó la vida del joven Franklyn, y eventualmente lo llevó a su vocación.

Gus y Lilliam Machado junto a Monseñor Frank Casale, presidente emérito de la Universidad St. Thomas, durante el acto de bendición de la Escuela de Negocios Gus Machado de esa Universidad, en 2020.

Yo no tuve su formación religiosa, pero coincidíamos en un tema muy importante: la mejor manera de ayudar a la gente es ofrecerle oportunidades de educación al más alto nivel.

Cooperé mucho con la tarea del padre Casale. Estábamos siempre atentos a sus llamadas para apoyarlo en lo que estuviera en nuestras manos.

Un día nos llamó para presentarnos una propuesta. Quería incluirme en el Consejo de Administración (Board of Trustees) de la STU.

Muy respetuosamente, le respondí:

"Mire monseñor, tenga la seguridad que voy a seguir contribuyendo con donaciones para el crecimiento de la

Universidad. Pero no puedo estar en el board porque yo tengo que estar vendiendo carros 24/7", le expliqué.

Monseñor sonrió y no dijo más.

Pero poco tiempo después, nos llamó otra vez para invitarnos a la familia Machado a un almuerzo en la Universidad. Allí estuve con Lilliam, mi socio Víctor Benítez, mi hija Lydia, y mi secretaria Ana Arisso.

En el almuerzo estuvieron presentes además de monseñor Casale, otros miembros del cuerpo directivo de la Universidad.

Tras disfrutar un almuerzo de salmón y arroz y buena conversación, Monseñor Casale me tomó aparte y me dijo que quería tener unos minutos a solas conmigo y Lilliam.

Lilliam se viró y dijo:

"Víctor, quiero que vengas con nosotros", invitando a mi socio al petit comité que se improvisó.

Pasamos al espartano despacho de Casale, donde estaba también su asistente, y comenzó a explicar el motivo del encuentro.

"Hemos estado considerando todos los elementos y decidimos que la Universidad debe tener una escuela de negocios", dijo.

"Estamos planeando construir un nuevo complejo de edificios para albergar la escuela, con la última tecnología destinada a la formación de jóvenes empresarios con un enfoque ético", continuó.

"Tenemos planeado construir un aula especial con

La Escuela de Negocios de la Universidad St. Thomas preservará para las futuras generaciones la trayectoria y el estilo gerencial de Gus Machado.

computadoras, un laboratorio para transacciones comerciales con equipo de alto nivel tecnológico, para uso de todos los estudiantes".

Nosotros escuchábamos con atención.

"Me gustaría saber si Gus Machado y su familia estarían dispuestos a apoyarnos financieramente para construir esa aula tecnológica empresarial, que desde luego llevaría su nombre", agregó.

Los tres nos miramos a la cara. Sabíamos que monseñor

Casale nos quería presentar una propuesta de apoyo a las actividades de la Universidad, cosa que nosotros estábamos más que encantados en respaldar.

Pero en ese momento no comprendí del todo lo que quería decir el padre Casale. Así que le pregunté:

"¿Usted me está hablando de un aula?"

"Si, un aula que llevará su nombre", respondió el prelado.

"Monseñor, ¿y cuánto es?"

Casale comenzó a dar vueltas sobre el asunto, y tras muchas explicaciones, soltó la cifra.

"El costo estimado es de medio millón de dólares".

"¿Esto es lo que necesitan para un aula?", pregunté nuevamente.

"Así es don Gus", respondió el prelado, en tono respetuoso.

Entonces, me levanté de la silla, y sin pensarlo mucho, le lancé otra pregunta:

"¿Y cuánto costaría financiar la escuela entera?" Monseñor Casale se movió hacia atrás en su silla ejecutiva, presa de la sorpresa, y respondió la pregunta con otra pregunta:

"¿Usted dice la escuela completa, no sólo el aula tecnológica?", dijo.

"Sí", respondí. "Porque, ¿qué va a hacer usted con una sola aula?"

Sin duda mis preguntas agarraron fuera de sitio al padre Casale, que se quedó prácticamente sin habla.

La Escuela de Negocios Gus Machado inició actividades en 2020 para beneficiar a miles de estudiantes del sur de la Florida que quieren seguir el ejemplo del gran empresario de Hialeah.

"No es solo un aula. Usted tiene que construir la escuela completa", continué.

Monseñor seguía impactado. Tras unos segundos, tomó aire y atinó a decir:

"Señor Machado, deme tiempo para contestarle".

Cuando salimos del encuentro, me monté en el carro con mi esposa. Cuando estuvimos a solas, Lilliam me dijo:

"Gus, ¿tú estás consciente de lo que le dijiste a Monseñor?"

"Sí, chica", le respondí. "Porque, qué va a hacer Monseñor con una aula sola? ¡El necesita la escuela completa!".

## Educación al más alto nivel

Lo que quizá iba a ser una contribución de $500,000 para la construcción de una sala de negocios y tecnología, según la propuesta inicial de monseñor Casale, terminó siendo un enorme proyecto al cual me sentí especialmente honrado de donar $5 millones.

Sin querer presumir, fue la mayor donación recibida por la STU en toda su historia hasta ese momento, y creo que hasta el día de hoy.

Casi inmediatamente, pocas semanas después de la reunión con el prelado, se hizo el anuncio del proyecto.

"Gracias a su generosa donación, la nueva Escuela de Negocios Gus Machado de la Universidad St. Thomas potenciará a nuestros estudiantes de negocios para que puedan asumir los retos empresariales con soluciones basadas en el libre mercado, y destaquen como líderes éticos en el mercado global", dijo monseñor Casale durante el acto en que se hizo público el proyecto, a principios de julio de 2015.

Luego agregó algo que me sonó como un halago:

"Gus Machado es un nombre muy bien respetado en nuestra comunidad. Su generosidad permitirá que nuestra institución ofrezca una educación de negocios de primera clase, basada en

Victor Benítez, Gerente General de Gus Machado Ford, David A. Armstrong, presidente de la Universidad St. Thomas, Lilliam y Gus Machado, y el padre Rafael Capó, durante la bendición de la Escuela de Negocios Gus Machado, en 2020.

valores cristianos".

Por mi parte, dejé muy en claro la importancia de este proyecto para mí.

"Apoyar a los futuros líderes empresariales tiene una gran significancia para mí. Poder hacerlo posible en la Universidad St. Thomas, una universidad que tiene una reputación de proveer una excelente experiencia educacional, y de desarrollar las nuevas generaciones de líderes empresariales éticos, es una oportunidad de la cual estoy muy complacido en participar".

En una declaración al Miami Herald, también dije reflexivamente:

"Esto va a ayudar a los jóvenes. Sólo se vive una vez, y nadie se lleva nada consigo. Cuando llega la hora, te vas y ya".

Monseñor Casale puso manos a la obra sin perder tiempo. Encargó el diseño del complejo a la firma Bermello Ajamil & Partners, de Miami. Consiguió más donantes para la ambiciosa estructura, incluyendo una contribución de $1.6 millones de John Dooner, presidente de la junta directiva de STU, y $1 millón del empresario y ex alumno Jorge Rico.

Casale no sólo aseguró el terreno para construir el complejo, un total de 144 acres en Miami Gardens, sino que organizó los complicados aspectos académicos de la nueva escuela, que iba a ofrecer numerosos programas de licenciaturas y postgrados al más alto nivel.

El 24 de enero de 2018, dos años y medio después de aquel almuerzo en la STU, tuvo lugar la ceremonia de inauguración para dar inicio formal a la construcción del complejo que iba a albergar la Escuela de Negocios que llevaría mi nombre.

La ceremonia fue un acto muy significativo. Asistieron las autoridades universitarias e importantes líderes de la región, entre ellos mis amigos el congresista Mario Díaz-Balart y el ex coach de los Miami Dolphins, Don Shula.

Lilliam y yo acompañamos a Monseñor Casale y otras autoridades universitarias en un hermoso acto simbólico, que consistía en mover un poco de tierra con una pala para significar el inicio de las labores de construcción.

Para ese momento, los planes de la nueva escuela estaban

Una vista de la Escuela de Negocios Gus Machado de la Universidad St. Thomas, un proyecto al que Gus y Lilliam Machado donaron $5 millones.

bastante delineados y avanzados.

La Escuela de Negocios iba a ser el último gran proyecto impulsado por monseñor Casale en su trayectoria de 24 años como presidente de STU.

Cuando comenzaron las primeras obras para sentar las bases arquitectónicas del complejo, monseñor Franklyn Casale ya había iniciado su retiro, tras alcanzar la edad de 75 años.

## Una obra de largo plazo

La antorcha de la Escuela de Negocios Gus Machado, que monseñor Casale había encendido y promovido desde 2014, fue asumida a partir de 2018 por otra muy activa personalidad por quien siento un gran respeto: David Armstrong.

David fue escogido como el sucesor de monseñor Casale y puso manos a la obra desde febrero de 2018, con el mismo entusiasmo de su predecesor. Lilliam y yo desarrollamos con él una gran relación desde el principio de su gestión.

Como estaba previsto, las obras concluyeron a mediados de 2020, dos años y medio después de la ceremonia inicial. Ni siquiera los efectos de la pandemia del Covid-19, que causó inesperados retrasos, lograron detener la culminación del gran proyecto.

La estructura de la escuela fue diseñada con un gran estilo futurista y práctico, tomando en consideración aspectos estéticos, de comodidad, de gran iluminación y amplitud en los espacios.

El costo final de la obra, que ocupa un área total superior a los 46,000 pies cuadrados con capacidad para albergar 1,600 estudiantes, fue de $21.5 millones. Incluyó un edificio académico con 20 salones de clases, un auditorio, un estudio para conferencias y transmisiones de video, y un área dedicada a incubar iniciativas empresariales de estudiantes (el salón que originalmente monseñor Casale me había ofrecido financiar).

Se levantó también un segundo edificio para albergar las oficinas de la facultad y un gran salón de reuniones para la junta directiva.

También incluyó un puente abierto (sky bridge) para

Gus Machado pronuncia unas palabras de agradecimiento junto a su esposa Lilliam durante la Gala de los Premios Boys & Girls Club de Broward, en 2022.

conectar ambos edificios, con un diseño de estilo innovador.

Cuando conocí los detalles académicos, no pude dejar de sorprenderme por los avances que implicaban en la formación de los jóvenes emprendedores.

La nueva escuela de negocios que lleva mi nombre ofrece una cantidad de herramientas que jamás pensamos tener en mi época, cuando el empresario se hacía con la práctica del día a día.

Desde luego, la realidad actual es mucho más compleja para los empresarios, que tienen que saber de todo un poco para enfrentar los retos de hacer negocios en un mundo globalizado.

Fue el mundo que me tocó a mi enfrentar, en el que me vi obligado a aprender sobre la marcha de contabilidad, de gerencia, de estrategias de promoción para incrementar ventas, de trámites burocráticos para obtener permisos de construcción o exportación; sobre impuestos y comisiones a vendedores, de préstamos hipotecarios y hasta de leyes para enfrentar posibles demandas.

Afortunadamente, los jóvenes aspirantes a empresarios cuentan con muchas y mejores herramientas con la escuela de negocios de la STU.

En general, la escuela ofrece 39 programas para estudiantes universitarios y estudios de postgrado y doctorado en 11 áreas de especialización, incluyendo Ciber Seguridad, Contabilidad, Finanzas, Mercadeo y Administración Deportiva, para aquellos que quieren hacer vida empresarial en el sector de los deportes.

Una de los enfoques de la escuela que con el que estoy completamente de acuerdo es proporcionar al aspirante a empresario no sólo conocimiento teórico sino práctico, a través de pasantías o internships para crear un ambiente interactivo que puede preparar al estudiante para el mundo real.

Otro enfoque es que la idea de ofrecer clases a grupos pequeños de estudiante (no más de 15 estudiantes por clase), de forma que puedan recibir una educación adaptada a las necesidades particulares de cada uno. El resultado será, sin duda, un estudiante con mejores condiciones para prepararse al nivel académico más alto posible.

Gus y Lilliam Machado durante el lanzamiento de la campaña para la construcción de la Escuela de Negocios Gus Machado de la Universidad St. Thomas, en julio de 2015.

Finalmente, y esto creo que ya es parte de la esencia de lo que es la Universidad St. Thomas, la escuela de negocios que lleva mi nombre incluirá también una educación en liderazgo y ética empresarial. Son dos aspectos esenciales para el éxito en la actividad empresarial, como lo fue para mi propia carrera como hombre de negocios a lo largo de más de 60 años.

## Mi legado y mi sueño americano

La inauguración oficial de la Escuela de Negocios Gus

Machado, el 16 de octubre de 2020, fue evento extraordinario.

La misa ceremonial fue presidida por el Arzobispo de la Arquidiócesis de Miami, Thomas Wensky, con la presencia del presidente de la Universidad St. Thomas, David Armstrong, y nuestro querido monseñor Franklyn Casale, designado presidente emérito de la casa de estudios.

Me acompañaron en el evento mi esposa Lilliam y mi socio Víctor Benítez, que estuvo implicado en el proyecto desde el principio.

Durante la misa de dedicación, monseñor Wensky habló sobre la necesidad de que ser empresario vaya más allá de buscar la eficiencia en los negocios, sino que también sea una actividad para alcanzar la integridad y la santidad personal.

"Ser empresario debería ser una vocación, una manera de responder a la llamada bautismal a la santidad, a estar con el mundo sin ser del mundo", dijo el arzobispo de Miami.

David Armstrong, presidente de STU, se refirió al aspecto organizacional de la escuela de negocios.

"El complejo Gus Machado tiene dos estrategias transformativas. Primero es formar una alianza corporativa para crear un nuevo tipo de escuela de negocios en la Florida, enfocada en los negocios y la ética; y segundo, beneficiar tanto a estudiantes como a toda la comunidad del sur de la Florida".

Mi esposa Lilliam expresó con grandes y sencillas palabras mi sentir en ese momento:

"Este es un sueño hecho realidad para mi esposo. Toda la

familia está muy orgullosa de que él pueda hacer una diferencia en la vida de tantas personas", dijo.

Durante la ceremonia no pude evitar recordar mi propio pasado como joven empresario, que necesitó toda la ayuda para procurarse el éxito en un ámbito competitivo.

Como lo dije durante la ceremonia inaugural:

"Siempre he disfrutado ayudando a la población joven, ayudándolos a elevarse y mejorarse a sí mismos".

La Escuela de Negocios es, al final de la jornada, el broche de oro de mi legado de 60 años viviendo y luchando en estas tierras de libertad, prosperidad y esperanza, haciendo realidad el legendario Sueño Americano de Gus Machado.

# 15

# Memorias de mi Padre (Epílogo)

*Por Myra Dewhurst \**

Los recuerdos de mi infancia, de crecer como la primogénita de Gus Machado son poderosos y, aunque parecen tan distantes, tantas décadas después, estos recuerdos son para siempre una parte de mi ser cotidiano.

Papá era un padre joven con una energía y un entusiasmo ilimitados, pero aún le quedaba mucho por aprender mientras hacía malabares para llegar a fin de mes, mientras construía un negocio y mantenía una familia.

Papá trabajaba muchas horas, seis días a la semana (de lunes a sábado). Papá a menudo no estaba en casa durante la semana, ya que se iba temprano y regresaba a casa tarde en la noche. Pero siempre hizo un esfuerzo por reservar los domingos para el tiempo en familia. Esos domingos especiales fueron muy importantes para la unión de nuestra familia.

El invaluable tiempo familiar los domingos a menudo

Gus Machado rodeado de sus hijos Roberto, Myra, Lydia y Rudolph Machado, en el verano de 2008.

incluía visitar a nuestros abuelos, los padres de mi madre, llamados Lola y Pepe. Visitábamos su apartamento de Miami Beach, a tres cuadras de South Beach, donde podíamos caminar hacia y desde la playa.

Disfrutamos nadando y saltando al agua de los hombros de papá; la playa es un gran parque infantil.

Además los domingos eran especiales porque mamá preparaba un gran desayuno que disfrutamos juntos el domingo por la mañana.

Nuestro tiempo de juego en la playa terminaba con una deliciosa comida que preparaban mamá Olga y la abuela Lola. Nuestra favorita era camarones a la plancha con tortilla española.

Otro regalo dominical era ver la televisión juntos los domingos por la noche. Nos encantaba The Wonderful World of Color (El Maravilloso Mundo del Color, con Walt Disney), seguido de los amados westerns de papá (que todavía ve). Nos encantaba Bonanza, seguido de El Gran Chaparral.

Era también una de las raras ocasiones en que nos obsequiaban con helados (napolitanos).

Nuestras vacaciones las pasamos con familiares y amigos visitando y compartiendo buena comida, buena música, recuerdos, tradiciones y buenos momentos.

## Amor por la risa, la música, el baile y el canto

Papá siempre ha sido joven de corazón y disfrutaba reír, bromear y ser juguetón. Era muy joven (sólo 18) cuando se convirtió en padre. Fui el primogénita el 21 de febrero de 1953; seguida por Rudy el 19 de abril de 1954; Lydia el 21 de mayo de 1955 y Robert, que llegó el 30 de julio de 1956.

La energía de su juventud y sus esperanzas y sueños, junto con una actitud y perspectiva muy positivas para el futuro, así como la ayuda de familiares y amigos, hicieron posible, en medio de circunstancias muy desafiantes, con poco dinero y apoyo, la vida de una familia joven en una nueva tierra.

Papá siempre tuvo un gran amor por la música, el baile y el canto. Le encantan las fiestas, las celebraciones, la música, el baile, las conversaciones y las conexiones. Siempre ha querido

Lilliam con Gus Machado y sus hijos Lydia, Myra y su esposo Henry Dewhurst durante la premiación de Gus por parte de la Ford Motor Company en Las Vegas, en 2012.

que todos se diviertan tanto como él.

Recuerdo que en una ocasión, trajo a casa algunos instrumentos rítmicos que nos divertimos tratando de tocar, junto con los discos que tocaban música.

Papá siempre hizo todo lo posible para apoyar a los músicos locales contratándolos para promover su negocio, así como para fiestas; también solía dar propina a los artistas callejeros, algo que siempre admiré.

## Pendiente de resolver problemas

Papá es un solucionador de problemas y siempre ha estado

interesado en ayudar a su familia, amigos y vecinos a salir de situaciones desafiantes.

Es un buen oyente. Él cree en asumir la responsabilidad de sus errores, demostrando esfuerzos genuinos para remediarlos.

Está convencido de que todos merecen la oportunidad de aprender de sus errores y mejorar sus vidas.

A pesar de que papá trabajaba muchas horas, sus hijos adolescentes siempre podía confiar en él para ayudarles a resolver situaciones desafiantes.

Como sucede muy a menudo, en el proceso de crecimiento, la vida se complica por los muchos desafíos del crecimiento, combinados con la inexperiencia de la juventud. Y papá siempre se tomaba el tiempo para ayudarnos a resolver nuestros problemas.

## Generosidad sin límites

Gus era y sigue siendo un tomador de riesgos que demostró tener éxito la mayoría de las veces. Su confianza y arduo trabajo le sirvieron bien mientras perseguía su sueño americano.

La actitud positiva y la energía de papá ha sido una maestra poderosa que nos da esperanza en tantas posibilidades. Si bien el fracaso es inevitable, la forma en que elegimos lidiar con el fracaso puede enseñarnos a re-evaluarnos y hacernos mejores personas al final.

Papá tiene un amor genuino por la gente y quiere conocer la historia de todos. Se conecta con muchos porque es capaz de encontrar y nutrir cosas que comparten en común, y hacer muchas conexiones para toda la vida.

La capacidad de papá para contar una buena historia o contar un buen chiste le ha hecho querido por muchos.

A papá le encantan los finales felices y se esfuerza por hacer que las cosas sucedan así para todos en sus vidas.

La generosidad de papá con los necesitados es evidente

Gus y Lilliam Machado junto a Lydia, su nieta Samantha Dewhurst, Myra y su esposo Hank, durante la dedicación del Gus Machado Way por la ciudad de Hialeah, en junio de 2012.

EL SUEÑO AMERICANO DE GUS MACHADO | **248**

Gus y Lilliam Machado durante un partido de baseball patrocinado por Gus Machado Ford en el estadio de los Marlins en 2014, acompañado de Remedios y Fausto Díaz, Lidya Machado y Víctor y su esposa Idania.

en sus muchas contribuciones a varias organizaciones comunitarias, así como a innumerables personas que han atravesado tiempos difíciles.

Estoy muy orgulloso de su trabajo para combatir el cáncer (que mató a su hermano); y por su contribución a la construcción de la Escuela de Negocios de la Universidad de St. Thomas.

Papá tiene grandes recuerdos y amor por su infancia cubana, así como por la poderosa cultura cubana. Papá también siente una gran tristeza por la situación política en Cuba y ha trabajado mucho para promover la libertad de

EL SUEÑO AMERICANO DE GUS MACHADO | 249

expresión y el acceso a la información en la isla.

Pero también papá se ha enorgullecido y amado su decisión de abrazar su identidad estadounidense.

Por esto y todo lo demás, amo a mi papá.

*(\*) Myra Dewhurst es la hija mayor de Gus Machado. Este texto fue escrito originalmente en 2021.*

Made in the USA
Columbia, SC
10 July 2024